紹興大典

史部

光緒上虞縣志

4

中華書局

上虞縣志卷十九上

輿地志

山川

玉岡山在縣署後萬歷府志山之後曰布穀嶺其土黃赤附近居民多竊取爲築基作竈覆醢之用大傷來脈所宜防禁○萬歷志去嶺七里爲縣後山新纂產佳茶萬歷府志○案今北城外自五癸至羅巖一帶山麓名縣後山府志以玉岡山爲縣後山誤

長者山在縣南二里嘉泰會稽志宋周長者元吉築居其東因名之萬歷志作周元吉嘗賑突不煙者鄉人德之遂以名山定善寺故基是也元張興刱亭其上曰一覽亭今廢南爲山川壇萬歷府志上有

鏡石居人惑形家者言掊擊去之下有薛家井泉甘而冽萬歷志○明楊珂詩復有登高約重遊長者山物觀渾識面輿到郎開顏曉嶂孤雲度春林眾鳥還尤難履佳勝萬室玉溪環葛焜次前韻詩地盡虞封秀亭依近郭山川原多入目桃李競開顏勝會知能幾斜陽且未還誰云遐海邑金玉共迴環倪涷詩爲有幽中勝先登郭裏山林泉亦城市洞府總塵闤挂壁藤成篆垂溪柳拂綸雲籠花寂寞石動水潺湲玉帶襟裾下金罍枕席間徑深頻指顧峯近少躋攀瘦鶴宵零雨高人晝掩關短節疎竹度薄袷小橋還莫道春將半相看鬢未斑

金罍山在縣城西南隅高三丈廣數十畝漢魏伯陽修煉之所萬歷府志旁有丹井晉太康中浚井得金罍故名一統志○明陳炫陪郡侯孫公遊金罍詩仙居迢遞枕城西古路縈迴過碧溪丹井巳空蒼蘚合石壇猶在白雲迷清霄

遼鶴無人見落日山猿抱樹啼更美郡侯能弔古紫騮踏徧落花泥陳宗道金罍書夢詩簾垂松影長爐爇檀煙紫山人清夢遙直見雲牙子李陪詩踏徧煙霞洞瑩深華門秋鎖薜蘿陰自從雞犬雲中去井上丹砂何處尋章宏仁金罍贈洞上人詩丹室春長在瑤臺夢亦清鶴歸松樹暝人臥洞雲橫鼎爇胡麻飯香調石髓羹況逢賢羽士欲與學長生

寒山在縣南迤東七十餘里爲虞山發脈俗名將軍帽山巔疊石如樓閣山腹有大昆湖即萬年湖下有含翠巖縱橫十丈許巖下有白雲洞南爲嵊境秀尖山西南出爲覆卮山西北出爲太平山東北出爲黠山新纂

覆卮山在縣南六十里新增○舊志作五十里非宋謝靈運嘗登此山

飲罷覆卮山上今存一石竅大旱不涸呼爲龍眠窟一統志石上刻覆卮二字昔嘗有人摹得筆跡甚奇山高十里許北隸虞南隸嵊東連百丈岡西逶迤至三界止有石浪五蝘蜓巖泉眼石泉經歲不竭石浪之間泉聲淜湃不可見時有白龍出沒呼爲龍窟登其巔有石平廣可受數十人下瞰江海羣山羅列蓋虞山之最高者萬歷志又有臺閣巖洗卮泉望天亭天聖香潭雞啼巖石屋諸勝嘉慶志○葛曉龍眠石詩萬仞未易梯綿延亘雙邑草木不敢生中有仙人室登臨俯層空羣峯亂崒嵂勺水蛟龍蟠今古不枯溢農人向余言歲歲沛膏澤

懸巖在縣南六十餘里嘉慶志由畫佛溪而進曰逕路由逕路而上曰懸巖頂有石城一帶約長二百丈有奇外有疊石甚奇萬歷志山旁爲白龍潭新增○明徐文彪詩四聲與鳥音中天日過午淡淡六月泉飛時陰陰山色翠連雲漢合霞光清浸碧潭深年年此地秋空晚長見白龍來護岑

畫佛巖在縣南六十餘里新增有大士像顯然刻劃如畫視久若現光者其下曰畫佛溪萬歷志

斤竹彎在縣南五十餘里新增彎前平疇曠野盡容耕鑿萬歷志

鼓潭山在縣南五十里山趾臨潭曰鼓潭案舊志本作古潭實以潭有水聲如鼓故名今列正自潭而東下曰斗潭萬歷志

寨嶺在縣南五十里嘉慶志宋時倭寇至此土人柵木禦之不能破萬歷志山口有更鼓巖倭寇至此民於巖上駕鼓

新纂

太平山案府志云太平山一在會稽一在上虞一在餘姚實則此山跨餘上二境本一山會稽又其一也在縣南五十五里嘉泰志作五里誤輿地志云其形如繖亦名繖山吳道士于吉築館於此山巔平衍有良疇數十頃橫塘瀓之無水旱嘉泰會稽志山有煉丹石爲葛洪修煉之

所如簟方濶數丈下有柱石二高可八九尺如數石甕然撑拄四角若屋中折爲二題曰太平山樵牧者遇雨多避其中又有二圓石竅深各三尺許如臼如釜萬歷志○案四明山志云太平山有煉丹石三一方石廣數丈二圓石類釜曰方石空起下施支石相傳吳于吉之石室有神書百餘卷曰太平青籙因此山也今誤爲葛洪晉謝敷齊杜京產居之晉書曰謝敷字慶緒入太平山十餘年鎮軍郗愔召爲主簿臺徵博士皆不就陶宏景太平山日門館碑曰門館者東霞起暉開巖引燭以爲名也華陽本起錄曰陶宏景於永明庚午年東行遊越處處尋求靈異到太平山謁居士杜京產此其作碑之時也元末劉履避地此山補注選詩○明徐維賢詩葛令丹成去不還空遺片石在人間我來訪古已陳迹碧草蒼苔滿地斑

日門山在縣南五十五里新增○舊志作六十里太平山東亦太平之別名齊杜京產嘗築館以居萬歷志○案梁陶宏景日門館碑云吳郡杜徵君拓宇太平之東結架青山之北爰以此處幽奇別就基址栖集有道多歷世年四明山志云今稱日門山者因館名也

雙筍石在縣直南四十里釣臺山前臨倚山嶠參差並峙高各數百尺其巔有異花開時爛若霞錦宋高孝二宗殂落連歲不花王十朋會稽賦所謂花含戚者此也明時已不見花案正統志云花已無惟巔有古松挺然獨秀嚴冬大雪殊爲可玩據四明山志引徐學詩語○案嘉泰志云在釣臺山通澤廟前高百餘丈其巔有異

花若八晃而立者每杜鵑花開爛若霞錦里人競觀之一爲雷所擊幾折其半康熙志○宋夏庚金詩雲根迸出幾千年化作龍孫欲上天靈種看來分自蜀巖花春老尚啼鵑石筍下有石如象鼻曰象鼻洞洞中可陳几席萬歷志○明張鳳翼詩西方白象海浮來隆準巖巖地脈開春暖氣噓成五色不須蜃市作樓臺

馬家闕嶺在縣南四十餘里雙筍石象鼻洞後新增

蘆山在縣南四十餘里張家嶺右山下有二石並抱中穿小石狀如鎖曰鎖石山之右爲席帽山孤峯高秀狀如席帽新纂

張家嶺在縣南四十里由管溪而西南可十里嶺之半爲

白道猷巖晉白道猷尊者隱其內嶺曰道猷嶺溪曰道猷溪潭曰道猷龍潭萬歷志○案嘉泰志云白道猷嶺在縣南五十里晉天竺僧白道猷卓菴於此

太嶽山在縣南四十五里備稿晉末白道猷所居初入山時乘青牛而至故溪名隱牛標其足迹四明山志中有廣福寺寺東曰板沸巖巖有夜遊神像微茫不甚辨萬歷志其支山曰芝堂山山長十里新纂○明李陪詩絕壑清空鳥道懸竹房松火亂秋煙遙觀下界酬如蟻誰到巖頭息萬緣祝樹勳詩復馭岱宗雲飄飄越水濆飛來龍作主久臥鶴爲羣峻壑鳴秋雨囘巖斷夕曛栽培松樹茂容易得徵君

昇相山在縣南四十里壁立千仞奇峭萬丈山巔有瀑布泉長百丈下注成潭其別隴爲圓山一統志○案嘉泰志云在縣南三十五里山巔瀑布號白水萬歷志云山巔有丹石二片潭上巨石隱隱有足跡號神仙跡世傳仙人於此飛昇

上申山在縣南四十里嘉泰會稽志

獨山焦山俱在縣南四十五里新增與圓山並列萬歷志

周嶴嶺在縣南四十里嶺下曰廟山土人搬廟祀蕭帝萬歷志

捉鹿石在縣南四十餘里高廣六七丈頂有大窩石之東有山曰朱家大山新纂

梅坑岡在縣南三十里山谷有雪花潭又有竪牌石蛤蚆石皆以狀名岡之東曰兒峯在管溪邊一峯秀削翠映溪潭新纂

雙溪嶺在縣南二十五里爲管溪李溪交接處新纂

楓樹嶺在縣南二十四里萬歷志以舊多楓樹故名新纂

雪頂山在縣南二十八里山頂積雪故名山之右爲雙疊峯新纂

鑄瀉嶺在縣南五十餘里相傳舊嘗鑄錢於此稍西南爲官符嶺四面壁立千丈萬歷志○舊爲通衢有官符經過故

名新纂

劍嶺在縣南三十里山有瀑布亦有龍潭新纂

闞山嶺萬歷志作官山在縣南二十五里萬歷志爲衆山關鍵故名新纂嶺之西曰下谷嶺萬歷志

甌峯在縣南二十餘里山頂有謳仙石平廣丈許中有澄泉亦名東山新纂

銅山在縣南二十五里嘉泰會稽志東曰東山西曰西山兩山之間曰銅山萬歷志兩峯迴抱名上石下石舊產銅有流泉數道匯爲湖一統志

交衡山在縣南二十八里山谷有澄照寺新增

[illegible]山在縣南三十里有石穴龍潭新增

谷嶺在縣南二十餘里對谷嶺曰姥嶺在縣南三十里進姥嶺而近者曰三嶺在縣南四十里萬歷志

圭山在縣南四十五里萬歷志作四十里四圍岡巒環列此山居中新纂下有圭山湖萬歷志

安山在縣南四十里前峙圭山而高相傳張氏父子爲神葬此萬歷志

孝子嶺在縣南四十餘里有須孝子墓新增

仙人山在縣南四十五里須宅西與牛步仙人山對峙山左有宋竺一均墓山右即寶泉寺新增

大東山在縣南四十五里牛步東周五里山麓有潭潭上有疊石巖兩石支足其一覆巔高二丈餘下可避雨道光三十年洪水沖下巔石東有龍角山山陰有巖石高二十餘丈狀如龍角其南爲牛山多巖石下有深潭水色澄碧潭旁有洞洞口有牛跡相傳白道猷騎金牛隱此新纂

雞山在縣南六十里左右護從有山深窈轉摺數峯插天

中藏龍潭者三其泉自上而墮噴礴飛灑諠豗若雷前有石如掌可容人拜曰禮拜石歲旱禱雨必應萬歷志○宋夏庚金詩探奇來向雞山觀洞府深深風雨寒雲影有時頭角露醉眸回作畫中看明馬明瑞詩紫翠重重入眼青披雲下視碧潭驚鼇開海眼珠連噴湧出山腰霧半橫靈氣浮浮塵欲盡仙風渺渺骨疑輕蟄藏忽地神龍見環珮玲瓏天外鳴

學山在縣南六十里萬歷志以山皆學產故名新纂

四明山在縣南四十里嘉泰會稽志○萬歷志云在縣東跨姚鄞嵊奉五邑之境山高四萬八千丈周圍二百一十里凡二百八十峰地記云四明丹山赤水爲第九洞天上有四門通日月星辰之

光故曰四明萬歷志○案四明山志云山有二百八十峰西連上虞又云奔牛隴西面七十峰總名連餘姚上虞二境是四明亦分屬上虞然萬歷志所載大雷峰樊榭鹿亭潺湲洞皆非虞境故刪

縻家山在縣南六十里嘉慶志作四十五里非有龍潭禱雨輒應萬歷志俗呼蟹潭又名黃龍潭新纂

隱地嶺在縣南六十里新增由夏家嶺而入萬歷志

夏家嶺在縣南五十五里新增由錢庫嶺而入萬歷志

錢庫嶺在縣南四十五里爲縣東南之界新增

羊額嶺在縣南五十里嶺上爲姚境新增

鐵山在縣東南四十里山起平墩圓廣畝許光黑如鐵下

有嶺曰蠶脈嶺新纂

印石山在縣南四十里山下有石如印高廣二丈許浮立溪邊新纂

塔嶺在縣南三十五里新增嶺畔有斷碣刻梵文剝落不可讀萬歷志

寶蓋山在縣南三十二里新增○萬歷志作四十五里府志作四十里非每春晚秋霽雲霧結成輪囷如五色華蓋然上有石曰眠牛石曰龜巖唐乾峯禪師坐禪石上常有雲氣下覆如寶蓋後人建寺其下萬歷志○明徐學詩詩聞道山僧開法界若爲雲物散天花囷輪五夜凝蓬苑

想像干宵擁翠華張鳳翼詩遥空寶蓋日亭亭疑有仙都拱帝廷何必函關多紫氣葱蘢先已護山靈

蒲塘山在縣東南三十五里山巔有腴田十餘畝西出曰白水瀑布百餘仞旁有三石疊如屋名仙人洞新纂

大嶺在縣東南三十餘里嶺上爲餘姚境新增

嶺北山在縣南東三十里大嶺之北新增距檀燕山鹿花溪北五里五峯高聳萬歷志○明潘府詩雙鴈倚雲霄幽人坐寂寥每聞秋夜月南望客星遥徐惟賢詩春來何處可消愁舍北風來天際頭雲影日高瞻紫極海波風靜見瀛洲太平有象眞堪隱慷慨無端賦遠遊便欲結廬從此住薜蘿深處注春秋

檀燕山在縣南三十里新增○案嘉泰志云在縣西南五十里又引太平御覽云山頂有十

案字上當加新增纂
二字又用〇以别之

二方石悉如坐席許大皆作行列仙靈之所讌集也舊經云神仙讌集之所上有栴檀香氣襲人樵者或時聞簫管聲嘉泰會稽志山下有鹿花溪一統志太平寰宇記云即謝靈運遊宴之處水經注成功嶠西有山孤峯特立飛禽罕至嘗有採藥者沿山見通溪尋上於山頂樹下有十二方石地甚芳潔還復更尋遂迷前路言諸仙之所醮讌故以壇讌名山案檀燕山今在管溪與水經注所云在始甯縣嶀山成功嶠西舊志作西南五十里者不合今姑並存其說而以在管溪者爲主〇明徐子俊詩綠戰紅酣二月天乘閒直上此山巔偶逢野草皆爲藥忽見樵夫恐是仙幾樹栴檀香雨外兩行坐石白雲邊從空欲問還丹訣灑面清風值萬錢徐學詩詩千古栴檀漫有名尋仙讌集亦難評收

兒猶說初平石樵叟疑聞簫管聲幸以全身歸舊隱敢云脫屣羨偷生時來阡陌頻瞻眺松柏蕭蕭獨愴情

方山在縣南三十里四面俱方南有古檀可占歲豐凶明徐惟賢搆方山書院今僅存基址新纂

龍石在縣南三十里管溪中嘉慶志有石横亘如龍曰龍石萬歷志○明徐學詩龍頭玩月詩碧溪清夜浩無邊水滿澄潭月滿天照影但誇遺石露潛身誰識抱珠眠昭回雲漢思沾澤想像風雷見在田莫謂臨淵勞悵望且須攜酒弄潺湲

謝公嶺在縣東南三十里新增四明山志云以安石得名紹興府志

建峒嶴在縣南三十里新增有石屋有石蟹泉其山曰石井

有唐學士汪亮之墓嶺曰謝公建峒嶴產茶謝公嶺尤爲名品（四明山志）又有仙人洞廣可陳几席容五六人坐（新纂）

鹿塘山在縣東南二十里爲鳳鳴百樓祖山（新纂）

湧泉山在縣南二十里有湧泉井相傳有叟指地泉自湧出山之西爲疊石山石磊磊如人工疊成（新纂）

上舍嶺在縣南十里下有上舍嶺溪入百雲湖（萬歷志）

上王山在縣南十里（新增）由官樣度下王嶺而右折者是山之下有百雲溪（萬歷志）

官樣山在縣南五里（新增）山川壇迤而南（萬歷志）獅子山又在

官樣南新增

駱家嶺在縣西南五里當葫蘆嶺王家嶺之間多名人墓新增

釣臺山在縣西南七里案一統志云西溪湖之陰舊經云山有槎大十圍昔陶公嘗乘此垂釣公既去槎墜於潭不復浮嘉泰會稽志一在縣南四十里雙筍石右新增山下有川曰釣川陶隱君嘗垂釣其上萬歷志○案一統志西溪湖陰釣臺山作在縣南七里又云一在縣東南五里下瞰深潭疑此即雙筍石右之山里數誤耳○明周天球詩碧溪清可數游鱗蓑笠何妨把釣綸終歲莫言魚水得山中已臥直鉤人王國楨詩千古釣臺名清風此猶在遙分渭水流近接桐江派天開白浪中鷗落

蒼煙外熊兆看何如安車久相待

許伯嶺在縣西南釣臺山北嘉慶志　唐許宗封伯爵世居嶺北萬歷志

王府山在縣西南七里新增宋英宗之兄名宗袞封爲彭王來佃西溪湖建莊於此故曰王府山其嶺爲赤白嶺以其金銀飾門有赤白之美見宋趙友直傷春詩注○其詩云王府原頭芳草芊卻憐杜宇自年年停杯試向窗前看飛盡楊花幾樹綿其別墅曰玉京洞以許宗故宅基爲之萬歷志○元趙仁原詩巖巒玲瓏竹樹間天風環珮隱珊珊碧桃花落雲黏洞瑤草香翻露滴壇靑壁有題龍護篆玉京遺跡鶴窺丹如今避世非無地卻笑相逢雪滿冠

坤山在縣西南十里萬曆府志峯巒秀出當縣之坤故云萬曆志

坤山西南曰姥婆嶺萬曆府志

烏石山在縣西南十五里東爲烏石嶺嶺西數里曰打虎尖新纂

鷹尖山在縣西南二十五里山有跑馬岡相傳宋將軍韓彬習武處北有石欄巖石欄潭新纂

象田山在縣西南二十里原作四十里涉下四十譌周四十餘里四明山志作周五十里又云以象山平衍俗呼小天台南有舜井耕鳥耘爲虞帝之故蹟嘉泰會稽志井上有風自來曰自來風又有金雞洞云錢王

彈金雞處山峻險路屈曲西有羅漢石試刀石石分爲二萬歷志○明黃宗會詩杖頭已撥千峰霧入水拖泥何處去嶺頭日落黃蘆暗老麂呼風毛欲豎嶺底溪深泥正紫中有幽人草茅住長年袖鉢垂手歸濯足溪頭弄新句天寒路凍絕無人钁頭鏗然掘枯芋我來一笑調偶同摩挲寒匡數煙樹夜深孤燈倒牛篋戛更病雁亦哀訴雄峰大剎列相望兩宗法席紛旁午子獨何爲餓窮谷笑勘諸方都不顧垂鉤豈解釣獰龍元賞時與古人同東北三里許爲象田嶺嶺上石縫成井曰劃開井新纂度嶺東南曰覆船山曰賈家尖山萬歷志

佗嶺在縣西南二十八里東山下巨石懸立大丈餘俗呼龍珠石嶺之東南有車嶺新纂○案萬歷志舜井自來風金鷄洞皆載車嶺下今實

在象田山故移諸彼

瑞象山在縣西南十五里萬歷志○明陳縚詩秋色凝翠靣多莓苔崎嶇轉林坳峽底輿雲雷憑高一以眺萬壑松風來蒼茫遠郭樹高城暮雲開俯契澄潭靜仰見飛鳥迴西風掃石壁峭潔無塵埃會意了萬象適情忘九垓寒聲起蕭瑟弔古生餘哀忠諫不可作龍圖安在哉因懷梁父吟嘆息復徘徊

金雞山在縣西南十五里後列三台前面五癸東溪西溪二水夾山而出交於艮隅水之左曰淡竹山鮎魚山水之右曰龜山眠牛山萬歷志○宋趙友直隱居牛山秋晚偶賦詩滿路塵囂不耐愁眠牛岡上自清秋霜高木葉流丹冷宜爲黃花一舉甌

蔡墓山在縣西十八里俗傳漢蔡邕葬父母處案嘉泰志作在縣西一十二里或以爲蔡邕墓山前有拜墩山山傍有石如衙甚奇謂其廬墓之所一說元時亦有同姓字者故云萬歷志○錢玫蔡墓考略

蔡墓之在上虞世傳以爲蔡邕父母墓論者皆以陳留之蔡邕當之考後漢書蔡邕傳注邕父名棱字伯直年五十三歲卒而邕母袁公妹曜卿姑見於博物志獨墓不著於錄史稱邕亡命江海遠跡吳會然偶爾寄跡未必挈父母偕來志遽以爲葬父母於此當別有說王充論衡別通篇云扶風蔡伯喈鬱林太守張孟嘗東萊太守李季公之徒心自通明覽達古今此與陳留之蔡邕同字伯喈後漢書王充傳稱邕得論衡秘之帳中以爲談助則扶風之伯喈名早著於陳留之伯喈惜未知其同名邕否太平廣記王瑗之爲信安令有一鬼自稱蔡伯喈問是昔日蔡邕否曰非也與之同姓字耳明廖用賢尚友錄於陳留蔡邕之下云時上虞亦有蔡邕亦字

伯喈隱居不仕以孝聞與志廬墓之說合是當時上虞亦有蔡邕向之指陳留之蔡邕以實之者妄也萬歷志曰一說元時亦有同其姓名者則一蔡邕名字互同先後已有四人究莫定蔡墓爲誰何世又有引名勝志稱蔡墓山在縣西十二里蔡邕卒此以論者或且據吳地志蔡邕墓在毘陵尚宜鄉互村以辨之然安知謂邕墓者不指陳留之蔡邕而謂上虞亦有蔡邕正未可知故詳識之

五龍山在蔡墓山西南萬歷府志上有龍湫五龍同窟旁有三神祠水旱禱之輒應萬歷志

黃茆嶺在縣西南二十餘里有上下二處度嶺而出虞門郎華渡運河萬歷志

葛仙嶺在縣西南二十餘里仙翁嘗所遊憩萬歷志

裹㬻山在縣西南三十里嘉泰會稽志舊經云山有神曰白鷺旱時見則雨萬歷府志

白鷺山在縣西南四十里山中一小溪春夏之交晴晝每見兩鷺舞浴遠現近隱萬歷志○案備稿云府志載裹㬻山縣志載白鷺山當即一山而二名也

西莊山在縣西南四十里舊志云葛仙翁嘗隱此有石窩如臼者五小者容一二升大者容斗山足有三石鼎足而立曰銚架石道旁石版有馬蹄跡中有泉不竭山下有洗藥溪水底石如丹砂萬歷府志

龍塘山在縣西南四十里一名鵞鼻山有上下二潭上潭泉脈不竭下潭多枯歲禜禱於此有驗里人結屋以覆之嘉泰會稽志

章汀山在縣西南四十餘里新增下有湖曰章汀湖萬歷志

歷山在縣西南四十里萬歷府志舜所耕處也會稽舊記云在小江裏始甯剡二縣界上吳錄云在始甯蘇鶚演義云歷山有六一河中二齊州三冀州四濮州又其一不聞疑此與餘姚者萬歷志○案嘉泰志以歷山屬餘姚演義云宜在濮州雷澤風土記云始甯剡二縣界上王安石歷山賦序云在上虞界中據諸說舜之歷山當以演義爲是虞之有此山殆嘉泰志所云其子孫

思舜鄉取像於此此亦猶漢新豐之義必謂虞無此山固矣又案萬歷府志云三界市即漢始甯縣治歷山既在始甯剡二縣界則在三界以上非邑西南四十里內山是歷山今當屬嵊姑據舊志仍之

握登山虹樣山在縣西南四十里有握登聖母廟 案萬歷志握登聖母祠題曰祥虹閣 下有虹樣村東西赤岸傍虹樣山可以眺山水之勝 舊志謂握登生舜之地妄也 於越新編○案舊志登作璒樣作漾今從通志府志

東曰馬愌山 萬歷志

東山在縣西南四十五里晉太傅謝安所居也 案一統志云東山因謝安名者三一在始甯東山乃其故居孫盛晉陽秋云安家於會稽上虞縣優游山林六七年間徵召不至正指此山 一名謝安山巋然特立於衆峰間拱揖蔽虧如鸞

鶴飛舞其巔有謝公調馬路白雲明月二堂址千嶂林立下視滄海天水相接蓋絶景也下山出微徑爲國慶寺乃太傅故宅旁有薔薇洞俗傳太傅攜妓游宴之所又西一里始甯園乃謝靈運别墅一曰西莊山西有太傅墓山半有洗屐池東西二眺亭舊經云梁徵士魏道微修道得仙於謝安山南史杜京產與顧歡開舍授學於東山下今距山一二里有杜浦顧墅嘉泰會稽志山北爲安石山俗名鵶鵲尖西爲西眺山山巔有斷碑字畫模糊皆文靖所遺謝敏行東山志○宋王銍遊東山記會稽郡東百里曰曹娥江又曰東小江其

南則晉太傅文靖謝公安石故宅東山也巋然出衆峰間拱揖蔽虧如鸞鶴飛舞林谷深蔚望不可見迫至山下於千嶂掩抱間得微徑循石路而上今爲國慶禪院即文靖故宅也絶頂有謝公調馬路白雲明月二堂址至此山川始覺軒豁呈露萬峰林立下視煙海渺然水天相接蓋萬里雲景也文靖樂居其在兹乎山半有薔薇洞相傳文靖攜妓遊戲之地雖蔓草荒寒然古色不改宛有六朝氣象僕以紹興七年六月往剡中繫舟山下盡室遊馬住持釋思覺問僕東山之名甚衆多因告之曰此乃文靖東山而他處則非也晉史王羲之初授浙江便有終焉之意樂會稽佳山水時文靖亦居焉與孫綽李充許詢支遁皆有舊居在會稽何獨於文靖疑焉則東山在會稽一也圖經引會稽先賢傳載文靖舊居爲寺則東山在會稽二也史言文靖寓會稽與許詢輩出則漁弋山水入則言咏屬文拒絶范汪之薦與羲之棲遲東土舊名猶存則東山在會稽三也史又言文靖屢違旨高臥東山桓溫請爲司馬始發新亭諸人言安石不肯出將如蒼生何蓋文靖從桓溫之請始去會

稽則東山在會稽四也又言東海戴逵厲操東山其弟
遂答文靖言家兄不改其樂方文靖時逵居剡溪據史
則逵亦同寓東山東山距剡甚近則東山在會稽五也
史又言文靖雖受朝寄然東山之志始末不渝欲造泛
海之裝自江道還東雅志未遂就遇疾焉是時晉都金
陵自江泛海今東山正在海濱則東山在會稽六也劉
義慶言支遁以文靖屢至餘姚塢中既沒不忍復居遷
於嵊山則東山在會稽七也有一於此事亦昭著況若
是衆乎然今臨安境中亦有東山金陵土山傳謂文靖
所起東山以僕考之俱非是臨安山則許邁所稱文靖
嘗坐石室臨濬谷謂與伯夷何遠者蓋山海之遊非所
居之山也金陵土山則所謂土山營墅樓館林竹甚盛
每攜中外子姪往來遊集在入朝貴顯之後亦名東山
非其所起東山也考之地志參以舊史然後定於一謝
氏族盛終始六朝文靖之兄奕奕子元元子煥煥子靈
運復爲永嘉太守稱疾去職父祖並葬始甯縣有故宅
及墅遂移會稽修舊業傍山帶江盡幽居之美又求東
郭始甯二田始甯蓋會稽廢縣則靈運居者正文靖之

舊地今山中有始甯泉名不改自文靖之後子孫居於會稽生以為家死葬其地猶不忍舍去非一二世而止也嗚呼東晉渡江王謝之族俱隨得王文獻謝文靖再肇晉業從六朝三百年安靖者二公力也非惟人物之盛實國家安危是賴後世稱江左風流以會稽為首況文靖功業起於此山乎想是時天下引頸冀其登庸羔雁既至巖穴之後舟車縱横冠蓋相屬一時聲烈意氣盛矣數百年後但見蒼山流水萬事寂寞而無聞訛誤而相亂雖天下之理顯晦周若是然已晦之迹必待人而後彰也故詳書之俾刻山中登覽者考焉閏月庚申汝陰王銍性之記孫枝東山考嘉定四年三月之吉外舅龔翁陳仲子葬於會稽之東山余自四明來會舟出上虞之曹娥江泝流上江左右皆淤沙驛道蜿蜒而上遇山則有磴道盤入山腰仰視亂石林立峭壁岌岌將墜有小江出西南山委蛇至壁下與曹娥江合二江夾河如觜正射山壁循壁稍南山忽散去地勢平衍彌望牟麥如雲林藪沃澤時久不雨所在洲渚斷澗其處平湖澄泓水色紺碧野竹卧影林娛役人幽趣不容摹寫

余意謝康樂過舊墅詩所謂白雲抱幽石綠篠媚淸漣或者其在於此訊之篙師師指壁之阿曰此入東山路也維舟亟上陟巔岩巉里許松蘿茂密左右視無所覩山椒路平有屋曰薔薇亭路出亭中斗折百餘步頽垣敗壁突兀於前是爲東山國慶院晉太傅盧陵文靖公故居也主僧肅入丈室繪文靖祠之西偏像設故暗香火牢落敗碑斷碣分寸不存惟有堂曰明月軒曰白雲以爲山中故事余笑曰二扁與山椒寄名得非誤認陳軒金陵集所載憶東山絕句眞爲謫仙所作耶僧曰此古德所立見之會稽圖經及汝陰王銍遊山記近芥隱龔養正爲之粉板再書非誤余曰謫仙出岷峨下漢沔西歷邠汾北歷燕代徂萊鍾阜皆嘗築室老於三江七澤兩入吳會以觀岱胸中勝槩可謂充足惟於剡中之役終身口之不置如曰明月照我影送我到剡溪脚着謝公屐身登青雲梯班班在集中而此不存必軒託其名以寫金陵崇禮鄉文靖植花木土山之景非是山也僧曰葛立之謂金陵餘杭皆有東山是則信然臧榮緒晉書言文靖遊賞必以妓女從本傳載之既登台輔營

墅土山與中外子孫遊集今晉書移之於前此唐文皇御製之差而白醉過謝公東山詩曰攜妓東山去悽然憶謝公自此東山攜妓遂爲口實不知白酩酊中誤用土山事耳又言文靖嘗至臨安坐石室悠然嘆曰此與伯夷何遠即餘杭東西山是其處東坡蘇公賦詩曰曾攜縹緲人獨上東山巖是又誤用土山之事於石室在二仙且爾於諸公乎何尤僧請置是事而問山有始寧泉相傳以爲院之舊名於史亦有見乎曰後漢郡國志言永建四年分上虞之南鄉爲始寧縣唐書地理志高祖武德四年以剡始寧爲嵊州八年州廢始寧復歸上虞縣在晉占籍爲始寧縣非院名始寧也山居賦注曰湖三面阻山之間凡五處第一谷曰石壁谷中入山猶未深故靈運謂之第一谷亦曰舊園曰讀書齋文靖寓居會稽與高陽許詢桑門支遁出則漁弋山水入則言咏屬文其地恐在於此吾觀梁昭明太子文選有謝靈運石壁精舍詩曰昏旦變氣候山水含清暉還舊園詩曰託身青雲去棲霞浥飛泉齋中讀書詩曰矧乃歸山川心跡雙寂寞環視始寧諸山皆不足當此惟是院山

南望山水含暉高出雲表使人胸埃頓除心跡閒靜舊境儼然如存則嶀山在其南嵊山在其北靈運有自南山經北山詩正指嵊山也聞紹興境界行院山之在版籍者尚萬畝晉人所謂東山如戴逵居剡而郄遂以爲兄厲操東山許詢居山陰而自謂丹陽尹劉惔曰丹陽殊勝東山謝元欲從亡叔臣安退身東山晉史言文靖東山之志始終不衰皆指會稽郡東諸山總言之郎國慶院今俗呼爲東西眺調馬路飲馬池固皆牧牛豎之妄而院極東自絶頂趨下有山徑之蹊窈窕入灌莽中百年不芸而介然成路風雨之所摧剝甃甓微出土中其勢必由所之而爲鉏畦所亂不能復續計今猨狖所家狐狸所宮鴟梟嗷嘷鼯鼠飛擲處皆向時象牀置笏鳴鐘鼎食之地特無好事者裹一月之糧披荆棘以采入其阻耳僧曰列第信可尋靈運自言父祖葬始寧邱隴奈何不存曰葬始寧者何獨靈運父祖而已考之史傳謝申首邱之義大率歸葬始寧靈運赴永嘉過始寧詩所謂揮手告鄉曲三載期歸旋且爲樹枌檟毋令孤願言此言間里之至情至唐開元天寶間歷二百年李

白過東山詩我妓今朝似花月他妓故墳荒草寒必林莽間纍纍青塚其數未容遽計也今去唐又五百年豈無遂塊之可驗亦必埋沒於荊榛中不然時方亂離盡遭椎埋之厄矣。唐王邛詩高潔非養正盛名亦險艱偉哉謝安石攜妓入東山雲巖響金奏空水艷朱顏蘭露滋香澤松風鳴珮環歌聲入空盡舞影倒池間杳緲同天上繁華非待開卷舒混名跡縱誕無憂患何必蘇門子冥然閉清關宋陸游詩絕頂一松風透膽清謝公曾此養高情山橫兩眺暮雲碧江浸一天秋月明林下有僧敲錫響石邊無客聽棋聲薔薇洞口庭前水留得當年洗屐名朱晦翁詩江路經由數十回無因到此爲潮催嘗聆文靖曾遊後欲問薔薇幾度開今日掣身推案去暫時秉燭入山來高僧不問誰家客獨對雲軒自把杯釋法具詩窗中遠看眉黛綠盡是當年歌吹愁鳥語夕陽人不見薔薇花暗小江流元薩天錫詩千里孥舟過始甯江山無恙尚堪登水流花落已無主雲散月沉空有亭塵跡猶思尋草莽風情何處醉娉婷可憐鼎食傳僧火特采溪毛奠故陵韓性詩遠山倚空青濛濛剡溪白匝來天東天機不捲芳草碧中有行地雙蟠龍扶藜欲出人閒世俯仰明河在平地長松忽動飛鶴來萬里剛風起衣袂薔薇開落春復秋洗屐何人繼清遊憑欄一笑衆山小遙指雲氣看齊州趙寛詩溪上青山一徑微煙霞無改昔人非荒亭千古照明月幽洞幾番開紫薇藉甚風流超魏晉隱然勳業在淮淝蒼生不盡懷賢意西眺巖前對夕暉葛貞詩勝地名山祇暫看老來誰復歷巑岏不因開席勞龔遂豈意扶藜謁謝安天際雲山新日月眼中人物舊衣冠可憐千古興亡事都在長吁一倚欄葛瑗詩獨上青山感慨深每將雲月想高襟煙霞一榻終成癖誰慰蒼生渴望心吳宗因詩兩眺徘徊是大觀越雲飛處不勝寒看來一片東山石彷彿當年大將壇陳旦詩望繫蒼生重名垂宇宙間郎今高卧者猶是此東山 國朝胡浚詩謝傅經行處斑斑屐齒泥白雲山上下赤岸水東西洞古然松入林幽揀竹題始甯多往跡更待訪牛溪

備稿案曰韻語陽秋云東山會稽臨安金陵皆有之俱以爲謝安攜妓之所餘姚縣志亦載有東山云安石嘗

游寓焉蓋郡縣凡有東山者皆援引文靖借重名勝考謝安傳云寓居會稽與王羲之許詢支遁遊出則漁獵山水入則言咏屬文後雖受朝寄然東山之志始末不渝靈運傳云父祖并葬始寧山中并有故宅及墅遂移籍會稽蓋太傅始實居此及出鎮新城欲造浮海之裝自海道還東雅志未就而没後卒葬焉今山西有太傅墓若洗屐池東西二眺亭雖後人好事者爲之而舊園別墅跡不可泯非他邑之東山比也故詳録宋王銍孫枝考記舊有唐李白皮日休陸龜蒙及宋蘇軾四作考李詩指上元縣之土山見陳軒金陵集皮陸二詩乃其遊楞迦精舍唱和之作見全唐詩蘇詩則遊餘杭之東西巖見本集皆非指上虞東山不錄

指石山在縣西南四十五里舊經云上虞有立石所謂指石者俗呼爲公嶄言舜登此石嘉泰會稽志臨江射西而出萬歷志○案備稿云指石山即東山臨江之石山下江深無底産鯿魚甚美

桂林山一名栟林在縣西南四十里萬歷府志謝靈運著山居賦處或云即東山也唐十道志

石鏡山在東山下二里萬歷府志

石壁山在縣西南四十五里嘉泰會稽志唐十道志云其南有小山形方正如樓名鼓吹樓寰宇記又名飛翼樓謝靈運築精舍其下萬歷志

石樓山寰宇記引郡國志云在石壁山南方正如樓乾隆府志○案石樓山即石壁山南之小山又案寰宇記云石樓山西南有陳音山山即楚之善射者死葬於此因名然嘉泰志一統志省志府志均云在山陰縣西不敢濫入

馬目山水經注云曹娥江濱有馬目山洪濤一上波隱是山勢淪嵊亭間歷數縣行者難之今其地不可考新纂

雙棋山在縣西南五十里俗傳三仙者沐訖對奕於此嘉泰會稽志山巔有棋局兩旁列石可坐一云兩山對峙如旗故云雙旗下有雙棋湖三面皆石壁峭險天成曰雙棋萬歷嶺志

五象山在縣西南五十餘里雙棋之右五峯排列狀類象新纂

蘁山在縣西南五十里周十里高峯矗列四面玲瓏名曰

薑以其形似也横亘江濵爲諸山之望新纂直北而下曰

戚家山在縣西南四十里渡江西上曰大墓山萬歷志○參萬

歷志作姜山在章家埠下○宋陶翰詩潮來勢

轉雄獵獵駕長風雷震雲霓裏山飛霜雪中

含珠山在縣西南五十里嘉泰會稽志亂山蜿蜒中有一小阜

孤立如璽龍護珠萬歷府志

覆船山在縣西南五十里以狀類舟覆也萬歷志

蔣家山在縣西南五十餘里萬歷志

蔡山在縣西南五十里曹娥江西岸下爲蔡山渡萬歷府志

車騎山在東山西二里嘉慶志右濵長江左傍連山晉車騎

將軍謝元爲會稽內史建樓其間桐梓森聳江帆出沒幽僻足以避世萬歷志

嶀山在縣西南五十里一統志成功嶠北與嵊山接二山雖曰異縣而峯嶺相連水經注北有石牀謝靈運所垂釣也剡錄○案嶀山嘉泰志載入嵊縣引輿地志云自上虞七十里至溪口從溪口隨江上數十里兩岸峻壁乘高臨水深林茂竹表裏輝映名爲嶀嵊奔瀨迅湍以至剡也府志兩載之今考是山實在三界以上不在縣境姑從一統志及舊志存之

石山在縣西南五十里巖石險怪上有土穀祠下有洞高五六尺深闊二三丈空洞元朗亦一奇也其地故紹興

台温往來通衢當道出其境邑令率役夫送迎勞費甚苦隆慶初令謝良琦申請革之百姓至今德焉萬歷志○明濮陽傅詩詩人酣眺慣到處不能閒煙簇千村月江流兩岸山農人擕臿往漁父放舟還喜說三隄就洪濤絕後艱

赤泥嶺在縣西南五十里竹衙湖上色赤如硃爲温台甯紹往來要路新纂自嶺而上不數里有成功嶠謝元破苻堅歸爲會稽內史鄉里旌其門磨崖大書三字其上云壁立臨江巍然大觀萬歷志

鳳凰山在縣西南六十里山有鳳穴嘉泰會稽志與會稽接境

晉元帝時鑿山有鳳凰飛去故名山下爲鳳翎湖一在縣西山之下曰曹孝女廟萬曆志

楊梅峯在縣西南五十里小江上曰鑄嶺東林墅茂密上多楊梅元隱者王發築友樵齋賦續騷焉萬曆府志

花塑嶺在縣西南四十里萬曆志作五十里徑路崎嶇行者稱險新增倚嶺一石若有字數行以水噀之須臾稍露可辨一二餘竟模糊不可識亦無題名萬曆志踰嶺爲會稽境新增

崑崙山在縣西南四十里有神祠嘉泰會稽志舊經云昔有崑崙奴行水中故名萬曆志○宋高似孫詩晚程欹檣住江沱如此峯巒可惜過月樹深寒愁

望帝雨花少力倚湘娥此生已負鴟夷子有酒須
供歎乃歌弔古情懷猶壯淚逢人搔首問如何

嶸山在縣西南四十二里高數百仞銳如卓筆東陽駱夫人於此上昇有石井丹竈於越新編一名蒿尖山一統志○案一統志又云山在會稽縣東七十里高銳如削下臨舜江與上虞縣接壤山崖南有二石蘚紋圓白鄉人謂之日月石萬歷府志○明朱維藩詩日落横舟望渺茫平湖一派水生光
山邊漁火明還暗渡口蒲帆歛欲揚去住不逾三十里
往還仍復幾迴腸嬾夫一病成迂散剛到江關夢草堂

嵩公山在縣西南四十里山有石室丈餘如塚云葛仙翁墓萬歷志餘詳塋墓○案省志府志嵩作蒿

黃泥山俗名袋頭山在縣西三十里萬歷志有明朱袞朱朋求墓

新增

洪山在縣西三十里萬歷志 一名福泉山一名覆鐘山備稿

蘭芎山一名蘭風又作蘭穹在縣西北二十五里太平寰宇記 瑯琊王宏之每釣於此郡國志 山少木多石有三嶺枕帶長江苕蕘孤危望之若傾緣山之路下臨大川皆作飛閣欄干乘之而渡謂此三嶺爲三石頭丹陽葛洪遯世居之基井存焉水經注 其欄干處自宋紹興中鑿爲磴道元豐九域志 山東小山曰金釵山直下爲倪子𡉏山麓曰蘭䓲山新增 ○案萬歷志云在縣西北二十八里仙公葛元修煉得道之所有石鼎丹竈丹井遺址引元本傳云漢光和二年正

月朔仙公於上虞山感太上遣眞人授以三洞四輔經籙修行秘訣金書玉誥等圖足徵也世傳洪誤而嘉泰志引舊經亦云葛洪嘗棲隱於此故仍舊說附著萬歷志於下○唐趙嘏詩蘭芎寺北雲歸岫孝女祠東浪拍天潮汐往來沙不定青山無數剡溪船明陳綰詩肩輿十里蘭芎道春日春山美勝遊雲轉四時依古塔泉流終日響靈湫煙深松竹鳥聲細天擁樓臺蜃氣浮自笑未醒塵土夢人間浪擬卜仙耶　國朝范蘭詩不識春山意若何花時攜酒試相過一壺醉到神仙宅天地茫茫江海多釋源潤詩巖畔朝霞去復聯鐘聲清梵出江天斷碑苔護前朝寺丹井香留舊日泉花笑牧童吹草笛鳥啼樵子破林煙山青水綠春無限領畧其中孰箇先

龍松嶺在縣西二十餘里新增方輿山右絕頂有古松虬枝偃蓋宛若游龍萬歷志○明謝讜龍松說嘉靖壬寅余講業癸巳山景熙物彧逌率二三子遊

南岡始見龍松愣然曰有是哉物之奇也邇松而處者嘗對余談是松屈怪肖龍名畫虛筆血噀盎柯文虎羣護余弗諶目其奇而稍疑更詢諸耇靡弗胎者然後知物之奇者必靈而前聞無足異矣夫精變龜牛望如偃蓋古傳記可稽也而飛節龍狀抱朴子亦疑其聚脂耳豈有松之龍者哉是松也幹之蟠蜿身如也枝之崢嶸角如也皮之璘彬鱗如也葉之葱蒨鬣如也則謂之龍松也固宜余心奇之不已告友人許子許子遂往觀之因製龍松之歌以歌之曰嗟峩兮山屶爰有松兮千歷松如龍兮人共知龍爲松兮誰識昔在淵兮壓五花穠綺雲兮鼓翠翼帝遹怒兮譎且加就玆山兮作松植形兮終不殊禁戕踞虎兮威孔赫幾何時兮回帝心登九天兮雨八極○明楊珂詩蒼虯百尺倚巖懸半嶺衝開萬壑泉勢壓波濤遥跨海氣吞雲雨不知年

陳射虎嶴嶺在縣西北三十里產粗石萬曆志

方嶴在縣西二十餘里有明刑部侍郎葛浩墓新增

鐵甲山在縣西二十里阜李湖內新增

姜嶴即姜嶴婆嶴在阜李湖東南姜氏世族居此故名阜李湖湖經○寀湖經又云山多材木田皆濱湖常稔冬月以樵採爲樂雪亦往焉

馬郎灣在縣西北十五里阜李湖西岸舊有馬氏墳因名灣口有大小牛欄二墩　國朝乾隆間奸民開石宕紳士朱士騆等呈禁之嘉慶志○明劉鵬詩雨深芳草滿邱墟散牧烏犍得自如飲水眠沙川陸暖絕勝風雪挽糧車

龍頭山即龍山在縣西三十里舊志作西北東連蘭穹西瞰娥江石勢險阻江湖齧其趾宋紹興中鑿磴道以便往來山

有九灣迢遞七八里一名九龍山一統志○按水經注山厓之間有石井冬夏常洌清泉南帶長江東連上陂江之道南有曹娥廟萬歷十三年土人加修磴道置茶亭爲憩息之所即今龍飲亭山崕間有泉清瑩如玉曰龍頭山井萬歷志上有蘭峯頂盤石廣丈餘葛洪嘗坐其上太平御覽○明陳震詩龍山插晴昊秋色染芙蓉疊嶂丹青裏奇峯紫翠重更無人落帽言有客扶節撫景歸來晚楓林帶醉容

隱嶺在縣西三十餘里蘭芎迤北新纂稍東爲小板嶺萬歷志○國朝王振綱度隱嶺詩往返巖莊路崎嶇上嶺頭廢庵緣薜荔古墓夾松楸果否仙人駐能教隱者留逃名應有托雲物亦千秋

金雞石在龍山舊傳有金雞翔集於此石方如櫃腹有裂痕望之如欲墮然新增

峨眉山在縣西四十里百官市東新增

九卿山在縣西四十里山下名九卿坂新增

弓家山即龔家山印祿山佛跡山俱在縣西北上妃湖中名勝志云佛跡山在縣西北四十五里有石如巨人足蹟據萬歷志及乾隆府志

蜂山在縣西北三十餘里近白馬湖嘉慶志太守孔靈符遏蜂山前湖以爲埭埭下開瀆直指南津水經注

夏蓋湖十二山梁家山刺山柴家山鯉魚山董家山洋山土長山石竹山又名姜家山荷葉山犂山馮家山府志馮誤作馬甑箄山府志箄誤作篿諸山不甚高廣隱約湖之東涘列如畫荷葉山如蓮葉浮水面明謝讜嘗築白鷗莊讀書其間萬歷志○明葛焜詩高風慕彭澤雅意在滄洲開軒臨碧水種竹護丹邱景物意中適風波身外浮信是忘機侶惟應對白鷗

蕫山在縣西六十里西華村旁小阜纍纍多古墓斷碣剝蝕不可識新纂

大峯山在縣西八十里形尖小有明進士朱道五墓新增

黃竺山在縣西八十餘里瀝海所新增

夏蓋山在縣西北六十里一峯崒嵂高出天半其形如蓋一名夏駕山相傳神禹曾駐於此上有龍潭嘗興雲雨一統志輿地志云夏駕山在湖中湖即名夏駕出茄草土人織以爲席甚細密多接者爲精織書云夏駕山浮可避甲申水災湖北去海數里山北對海鹽岸嘉泰會稽志東有夫人廟南有淨衆寺萬歷志宋張即之書其門曰大禹峯於越新編絶頂有亭明嘉靖初別駕雷鳴陽建萬歷志○明濮陽傳詩夏蓋山巓酒一樽常來因有濮陽敫酬餘指點平湖海村月無勞犬吠門陳希周詩仙蹤何處訪此地有桃

源曲徑萬松繞深林百鳥喧看雲人坐石載酒月隨船却笑塵中客常悲鏡裏天羅康詩才了東山約重登夏蓋峯崔嵬隱雲霧出沒訝魚龍萬仞雄乾柱千年托禹蹤潮聲吞落日身世駕長風　國朝沈焜詩蓋山高不極遊子喜尋蹤石澗泉聲壯松巢鶴夢慵風來心自爽路轉興彌濃偶憩龍潭畔驚聞遠寺鐘謝簡廷詩蓋山突兀聳孤巘結伴登臨興頗濃小徑若梯盤曲折平疇如繡布横縱千頭獸影溪邊石滿耳濤聲殿外松忽聽下方梵宇內泠泠敲徹誦經鐘

横山在縣北五十里横枕湖北其峯列九又名九峯山東曰東横山　萬歷志○國朝陳步雲横山諸勝記横山西連夏蓋湖凡九峯最高爲金花峯俗號横峯尖歲三月菜花時遊人攜酒餚登此四望徧地黄金香風撲鼻遂以爲名次曰八字峯其上平廣可坐數百人南曰螺峰玉乳峰猗獲峯西曰餞日峯又名西峯自金花峯而北曰連珠峯曰松岫最小爲隱翠峯山南有

九龍祠卽本山山神有禱必應稍東曰鳳窩相傳宋時有鳳來巢於此北麓有東林菴菴東有泉曰東林泉又東曰自然臺又名平臺當山半可六七畝許平坦如臺又東曰挂壁燈泉泉穴如臼味甘美大旱不竭又東曰伏虎岡下有來水閘水出銀魚色白長寸餘大如韭無鱗與骨因地皆沙磧無泥淤故味極美遠勝他處又東有踝石相傳昔有仙人登此跽一足而坐踝陷於石三四寸今其跡尙存又東曰靈嚳俗名風吹牛鼻嚳昔有人於此採薪聞絲竹聲約村民鑿山五六丈得三官神像徙之東林菴大有靈應峻飛居士因題爲八景曰龍祠夜月東林暮鐘西峯夕照鳳窩春燕來水龍吟燈泉積翠平臺眺海松岫鳴蟬皆各繫以詩云

福祈山在縣北四十五里宏治府志一名大山巋然當夏蓋湖上與夏蓋若賓主者湖有九墩曰楓樹曰匾曰周師曰長曰楝樹曰黃蟲曰馬曰白牛曰西晒楝樹墩在福祈

山下隨水高下溢未嘗沒涸未嘗凸旱潦如一內有石穴如椰然堪輿家稱善地嘗有盜葬者近湖之家多刑傷必伐之盜葬者假取湖草爲名依墩宿泊覺而掘發其骨紅潤亦異矣○萬歷志

柯山在縣北四十餘里新增山下曰柯水東入海案漢書地理志上虞有仇亭柯水東入海稍東曰嚴家峧萬歷志

伏龍山在縣北三十餘里萬歷志夏蓋湖東狀龍伏首東俛而尾西掉下瞰小越市山巔有巨石壙長四丈許萬歷志作橫四丈有奇世傳爲吳越公主墓萬歷府志○明袁烺詩山龍伏江南晚景自千古巖梅冒雪開雪霽花無語南有闌北有磨劍井井深七尺廣半之云

錢王於此磨劍萬歷志

牛頭山在縣北三十餘里萬歷志

上陳嶺在縣北三十里小穴南新增

掛幞山在縣北三十餘里萬歷志

沙袋嶺在縣北三十里土色若丹萬歷志

南山在縣北三十餘里有大寒小寒二峯據董玘南山記大峯峩峩卓立前淼五湖萬頃沉碧北臨大海驚潮突來峩湧雷迸登之毛骨聳然小峯相連在西北形稍僂然俯萬歷府志明潘府築室讀書處萬歷志上有二臺曰詠潮望湖董玘記

山尾曰鶴頂珠山五夫志。明董玘南山碑記畧南山距越城三舍許提學潘公爲藏修息游之所是山起天台奔馳數十百里結秀於兹背接金壘首枕姚江萬山來朝勢若星拱冬夏蒼翠悠然可愛中峯峩峩登之毛骨竦然若飄浮上騰而遊廣寒也故其名曰大寒峰左右有臺前淼五湖萬頃沉碧艮辰偶坐有助吟適故名曰詠湖中有層臺北臨大海驚潮突來峩湧雷迭一覽可極故名曰望湖乃大寒峯之絕頂也大寒峯之西北有峯其氣蕭然一也其形僂然俯也因名曰小寒峯小寒峯之下有地廣數百步廓然而塏坦然而東南山書堂建焉南山之西有谷岈然名曰靈蓍昭其產也谷之東有井冽然名曰寒泉嘉其性也井之北百步許有彎奧如名曰大雲囂氣之自出也囂之側有山昂然來屹然峙者其名曰鷹山鷹山之西北有山伏而復起雙巒若翼兩池若目其名曰鳳山形之肖也鳳山之南有平麓元朱白雲遯世於斯因名之曰雲麓表幽躅也東有茂林乃先世顯謨公養高之所因名之曰月林林之北有峽顯謨公舊於其下彈琴自適因名之曰清風峽存祖武也林之南有閣客至欵坐飲以香茗其名曰浮香閣之下有溪夾以桃樹飛花逐湍其名曰疊錦閣言其清溪取其文也凡茲十四勝者皆迴巧獻技以麗於南山書堂而書堂前有研硃池後有太極窩左有牛首山石蟹澗右有悠然巖清斯沼蓋自足為一勝而又眾勝之所攸會也故名其勝者總曰南山玘嘗從公及諸同遊者步而觀焉信其尤勝於吾越也

○明陳縧詩路轉峯迴一徑平忽聽精舍有書聲南山瑞氣先成象西國如來舊寄名鉢洗清溪僧影動詩題峭壁客心驚我來要盡登臨興布襪青鞋取次行葛焜詩大寒峯畔白雲迷古樹陰陰鳥亂啼梓里猶傳丞相事行人遙指舊沙堤 國朝潘思漢大寒峯詩云突兀雲溪聳碧霄登臺不覺興飄蕭北臨滄海濤聲遠南顧蘿巖翠色遥萬戶羣瞻雄崒嵂一峯獨秀鬱岧嶤先人書院今何在幾度登吟雜晚樵又小寒峯詩云大寒峯下小寒峯秀出羣巒翠影重帶石旁開斜作嶂夾溪曲轉暗分龍雲歸深洞金門鎖雪映前巖玉壘封山徑不為人陟破誕登準擬喚兒從

玉屏山在縣北三十餘里一名圭山五夫志○國朝潘思漢詩雲巒出嶂翠圍屏脈自蘿巖到此停奎璧文章千丈耀圭璋人物一方靈臥看紅樹秋楓老坐聽清泉春雨零東面客峯還秀拱煙雲來往對長青

客山在縣北三十餘里山西有嶺曰歡喜嶺五夫志

徐山在縣北三十餘里今名西後山山之西爲宋李莊簡花園五夫志

琴山在縣北三十餘里今名東後山宋潘月林嘗彈琴於此山之西爲清風峽明潘太常避暑赤腳吟詩處峽南有井曰清風井五夫志○國朝潘思漢清風峽晚步詩兩山忽斷勢如蹲小剎臨風半掩門

樹老岫中煙暗淡人行境外月黃昏詩翁赤腳多懷古學士清琴好避喧竝立蒼茫多遠思松風謖謖送歸村

牛首山老鶉山俱在五夫西嶴口老鶉山有潘府墓五夫志

琵琶山罣罳山俱在五夫夏蓋嶴口五夫志

鷹山廟山俱在五夫廟山有潘釪墓五夫志

黃土嶺在五夫大雲嶴南嶴口有井曰研珠井五夫志

鳳凰山在縣東北三十餘里五夫志○舊志作四十里下有二池曰鳳池東淸西濁如日月二眼萬歷志

花家嶺在縣北二十五里有池曰賈家池萬歷志

蘭臯山在縣北二十里府志云在羅巖北俗呼嬾婦嶂萬歷志蘭花

案字上當加新纂曰

獨盛萬歷志山峻拔高埒羅巖東一峯怪石嵌空旋疊而上曰蟠龍石巔有泉潭曰龍潭新纂

青山黃山澤蘭山水經注漁浦湖外有青山黃山澤蘭山重岫疊嶺參差入雲澤蘭山頭有深潭山影臨水水色青綠山中有諸塢有石楗一所案漁浦湖即今白馬湖在縣北二十里青山黃山不可考澤蘭山疑即蘭皐山其云石楗深潭與蟠石龍潭恍惚相似又以百官舊治言之蘭皐正當白馬湖外萬歷志敘澤蘭山云由安山稍進不引水經注當別是一山嘉慶志遽云在縣南四十里誤

癸巳山羊山月山在白馬湖中萬歷志

大獨山小獨山覆舟山在縣北二十里白馬湖中萬歷府志水

經注縣之東郭外有漁浦湖湖中有大獨小獨二山又有覆舟山山下有漁浦王廟三山孤立水中（案水經注云在東郭外者據百官舊治言三山疑即癸巳羊山月山）

富家山（亦名富峯山）在縣北二十餘里白馬湖濱山下爲明隱士趙肅竹梧深處（新纂）

象山在縣北三十里驛亭西山東麓有朱侍中廟旁有井泉洌不竭山北爲經氏義塾（新纂）

孝聞嶺在縣北十里西與皁李湖諸山接（新增）漢包全所居有女以孝聞遂以名嶺（萬歷志○案嘉泰志作包全居之以孝聞）

姥婆嶺姥舊在縣北七里五癸山西萬歷志作迤孝姥婆作五　聞嶺而西非

墓在焉萬歷府志有泉不盈數尺味甘不竭中暑飲之即愈萬歷志

右山上

上虞縣志卷十九上

上虞縣志卷十九下

輿地志

山川

五癸山在縣北七里案原志作十里五峯羅列屏擁縣治一統志當癸之隅昔有人栽五桂其上亦名五桂山堪輿家謂是縣主山萬歷志萬歷府志

羅巖山在縣東北十里萬歷志七里府志○嘉泰志在縣北七里府志在縣東北七里丹崖翠壑雄冠衆山西南山半鐫羅巖二篆字巔有石眼大旱泉不竭案萬歷志有坎出泉曰龍眼一曰龍潭旁有菴案萬歷志菴曰清隱東有赤

石狀如婦女好事者名之曰玉女峯萬歷府志山綿亘十許里岡巒環列磴道盤空而上險峻不容趾曰金字山曰屏風山曰八支山曰蔡菴岡曰石孔山亦名石窟山曰甑墩山皆羅巖諸峯也新纂○案萬歷志載羅巖從山有鄭監大塔小塔黃郎土山乾隆府志載支山有牛欄曾陽羅壁三台瓷窰三毬寺樣鑊甌硃砂案山黃茅墩考諸山或相距遼遠或名不可稽今據采訪可考者分列於後其無考者從闕○明葉砥詩何處登臨散百憂蘿巖絕頂思悠悠風雲今古尋常變江海東西咫尺流佩劍欲淩孤鶴背釣竿將犯六鰲頭誰能久厭寰中隘喚起靈均賦遠遊楊撫詩穿霧重來啟石牕油痕猶見舊書幢望臨晴樹開平野坐拂寒雲灑斷矼叢竹可無棲鳳幹芳渠賴有濯纓淙芙蓉翠削霞端並螺髻青分月下雙秀拔東南連百粵氣吞溟渤帶三江煙巖射日爭雄長水磴懸冰自擊撞僧卓璘泉飛錫

杖客浮蓬海駕仙艘再經蕙幄如相待屢戰愁城苦未降漫剔蒼苔看玉篆教鋤黃獨倒瓷缸猿嘯鶴斷知何意牧唱樵歌別有腔緩吠犬疑驚落葉遠騰烏豈避枯樁出陂魚罟歸偏晚入塢人家語更嚨桂子含金秋兎孕溪聲喧鼓夜鼉摐丹邱杳隔人間世緗衲殊諳物外腔宮綴天花珠顆顆簷吹風馬鐵鏦鏦笑譚振谷傳餘響蹤跡淩歊裂混厖勝地似應留勝事名山亦合鎭名邦虛勞戀物尋淸隱肯爲偷閒脫重扛轍掃終南非捷徑筆須太白是長杠疏慵不解登高賦醉倚擘霄千尺玒陳有年次韻和詩散髮招提晝掩窗寒林淅瀝灑禪幢時當憔悴移孤枕客有慇懃度絕矼今雨捫蘿靑似沐故人載酒碧於淙烟開霽壑峯元並潤入霄臺璧自雙促坐一燈鄰禹穴占星百里得虞江浮雲高檻空中出澹月疏鐘物外撞陶謝可逢應授簡蓬瀛安在欲連艭支離色借談間起忡惙心從覯止降巒岫無論金粟界松篁且對紫霞缸試問山靈如有約郤參天籟別無腔潭幽倒映明河水石瘦長懸大地樁病覓九還除是隱笑逢二仲定非嚨論交初憶勞亭接傾蓋飜憎刖鼓

摐歸夢連環春冉冉征途稅駕晚悾悾藥鑪我寄祇園
樹詩筆君飛武庫鏦剡曲情深眞見戴鹿門人遠誤呼
龐廟廊湖海憐浮世德業文章愧此邦豈謂瑩然聞玉
跳揭來何以滌塵扛芳菲會識蘭堪襲斐亹猶期錦作
杠誰道琪花偏異域吟邊草木尚成玒倪涑次韻和詩
琅玕萬樹翠當窗差勝朱輪逐羽幢卧榻此時懷雪舫
杖藜何處度雲矼香侵硯席舒梅瓣淸入茶寮引石淙
樓距靑雲天僅尺人如白玉案呈雙千峯秀色來虛閣
一片閒心寄大江靜夜籟鳴孤鶴唳空門鐘響老僧撞
穿林晚著東山屐約月宵移鏡水艭異變備嘗身尙在
新詩細讀意初降傳書側理爛於錦進酒叵羅巨似缸
檀板拍頻催浩唱柏梁塵梟駐餘腔眼前謾說屠龍手
腹內牢拴繫馬樁恍忽陰晴渾是幻綢繆笑語却非哤
銀河影燦霓裳舞銅漏籌添畫鼓摐世上有情多碌碌
性中無物本悾悾宰公德望珍同價詞客機鋒筆若鏦
贈答不愁歌韻險過從喜見士風龐百年豪傑慚先達
三仕循良愧舊邦宇宙名高疇可匹乾坤任重孰能扛
莫言隱跡松爲醑曾記僊蹤綵結杠唾落烟霞散巖谷

瑜字當作一格

流砂積石盡成玒徐宏泰詩虞城之北枕蘿峯峭拔嵯峩一岱宗五夏涼生叢竹裏九秋香滿木樨中魚吞花影池心月虎嘯松濤谷口風怪底名賢多硯讀好遊清隱暢情濃國朝王振綱羅嵓石壁篆歌玉女峰頭留古篆篆文皺瘦結苔蘚試問昔年鐫者誰姓氏模糊已難辨衰草漫山蚓結蛇細絲挂樹蠶成繭半空刻劃何玲瓏掩映雜花間深淺奚必追尋清隱書只此二字世已鮮回頭一笑天地寬但聽茅庵吹花犬俞廷颺羅嵓清隱寺詩寺門長揖禮空王拍手高歌勢激昂怪石負花攔客路斷雲拖雨入僧房頻經勝地添新句最愛名山屬故鄉願作老樵終隱此半生行脚爲貧忙

鄭監山一名鳳凰山在縣東十餘里相傳有鄭宮監寓此新纂

竺公山在縣東十五里其陽爲智果寺故亦名寺山宋劉瑜墓在焉迤東曰蔣公山新纂

鑊顱山在縣東北二十里高亞蘿巖山下曰乾壂左爲高球灣又左爲童貫壂相傳宋童貫高球寓此新纂

石門岡在縣東北二十餘里岡下有嶺曰黃鱓嶺踰嶺東北爲姚境新纂

羅壁山一作蘿碧在縣東北十八里三峯横亘左曰月華右曰仙人查湖濱其足山下有小阜曰黃茅墩西一峯曰田羸山巔有洞蟠屈深窈中可容數十人新纂

查山在縣東十八里大查湖濱元許明奎崇福寺記去縣署半舍有大查湖湖之湄有峯來降蜿蜒如蛇故亦名

蛇山新纂

龜山一名月山在縣東十八里原志作十里大查湖中許明奎記横湖之中有阜屹然如龜即此又西龜山在縣西三十里原志作二十里曹娥江西岸一統志

獅山在縣東二十里西有嶺曰蒜嶺新纂

大姚山在縣東十八里孤嶼聳翠横亘大查湖濱據形家言係縣之外衞新纂

土山在縣東十七里西有二小山相屬形如藕節名藕節山新纂

黃郎山一名鮎魚山在縣東十八里黃家埭東高不踰數仞其腹空洞游屐所至跫然有聲向陽有廟曰黃浦廟新纂

大塔山一名蜆山小塔山一名金魚山在縣東十九里章家埭東新纂

王瓜山在縣東北二十五里以形名新增

牛欄山在縣東二十五里雙岫環抱夾谿五六里竹木交翳水石清瀏北爲筆竹嶺新纂○國朝項師聖詩石徑掩蓬蒿溪流水半篙雨酣田茁蔗春盡樹懸桃峰有蓮花合嶺餘筆竹高郗家池畔路蹤蹟問漁舠

蓮花山在縣東按在縣東二十三里一統志作東北十里誤嶒崒峻拔狀若蓮花亦曰蓮花峯萬曆志山南有溪曰蓮溪新增○案四明山志載蓮花山

云地名竹橋誤

石人山在縣東二十里雙峯峭削壁立千尋新纂

大旗山在縣東二十三里斜展如旗故名南有嶴曰擂鼓新纂

清賢嶺在縣東二十三里烏膽山西晉謝安支遁許詢數往來焉乾隆府志○案嶺跨餘姚故府志入餘姚縣

芙蓉峯在縣東十八里岡巒亭矗秀若芙蓉西麓有阿山環水抱廣平十餘畝曰寺園卽慶善寺廢址新纂

玉屏山在縣東十六里案府志作二十里自餘姚烏膽山來狀若

列屏萬歷府志漢梅福寓此煉丹有井曰梅仙井萬歷志亦曰屏風山地名竹橋池東屹起者曰銀甕峯新纂○案萬歷志以梅福煉丹屬蓮花峯誤

覆鐘山在縣東十五里蜃子湖濱突兀若覆鐘故名新纂

金烏山在縣東十五里三峯插天秀絶雲表明朱袞嘗居其下故自號三峯備稿其所營別墅遺址猶存新纂

黃蛇山在縣東十四里宋進士朱灼隱此搆亭曰制幹墓謝安石之高致名其地曰小東山新纂

黃竹嶺在縣東十五里嶺上有簫將軍廟萬歷志○案吳濮陽興記秦將

軍簫闐簫闐輔王鄞領兵至越及虞而鄞溺於海將軍擲鞭於地化爲黄竹因以名嶺

茢姑㟅亦曰茢㟅在縣東十五里西南有石溜下注清潭曰茢姑潭纂新相傳茢仙姑於此成道萬歷志○明章玄仁詩曉出東郊天氣清肩輿迤向碧山行眼前物色三春暮野外風光盡日明芳草和煙鋪曲徑淡雲收雨見孤城感時徒切蘋蘩思啼鳥飛花總繫情

金沙嶺在縣東十里出金沙萬歷志

晚關嶺在縣東南二十里增新

曉山一名小山在縣東南二十里葛仙翁蚤行至此而天曉故名峯迴水秀雖無長林豐草而苔繡如茵騷人墨客多

盤桓不忍去萬歷志

白石嶺在縣東南二十餘里上有瀑布冬夏不竭新纂

百樓山在縣南十里高五里爲縣屏障亦名百雲山最高者曰大雷尖一統志山腰有平地數十丈漢魏伯陽嘗築居於此嘉泰會稽志重巒疊嶂又名石樓山又名南山有菴曰深隱其右曰中隱其左曰白水白水之勝眞一洞天惜人跡尠至不傳於世萬歷志東峯曰壽桃尖有石如屋曰石屋岡迤西爲鳳鳴洞新纂○明徐宏泰詩層疊岡巒紫氣浮欣傳魏氏此元修因知山窟海成市想似神棲蜃結樓石戶雲深來月伴洞門花落趁泉流俯窺萬竈成鱗次獨踞巋然賽十洲

紹興大典　◎　史部

黃尊素詩誰開靈境絕人寰片片芙蓉似翠鬟天外林香雙袖裏空中仙閣萬峯間參差樹底流鐘磬滴溜泉聲雜佩環憐我塵纓猶未解今朝疑綴上清班 國朝黃宗羲詩古虞十里城南路柳綻梅開到鳳鳴洞瀉流雲河漢遠山藏古廟雪霜清幾年掘藥淩峯意還媿挨肩疊足行今日讀君詩卷罷此身恍巳隔三生

鳳鳴山在縣東南十餘里昔有仙女跨鸞作鳳鳴至山後土人立祠祀之詳見鳳鳴祠 祠左有洞曰鳳鳴洞案四明山志云兩厓石壁裂而成洞 闊丈餘深數十丈高如之雙崖峭聳懸石若墮飛泉噴瀑如珠如霧如布如翔鴻如鶴舞盛冬嚴寒或若冰柱或若水簾不可名狀奇怪萬變洞右石壁有小竇云眞人身隱其內壁上刻字云敲開石壁曾飛飲煉

得金丹不賣錢壬戌年五月丁未日滕悦顏辛到不著朝代邑里或疑神仙所題乾隆三十六年八月風雨交作眞人祠後石壁忽如削裂一片上有鳳鳴山三大字皎白可辨衆以爲異乾隆府志。國朝李方湛記上虞縣治東南曰鳳鳴山相傳東漢時有仙女乘鸞下降於此音樂縹緲居人往往有聞之者一洞谺然爲仙女坐臥處歲乙丑崔明府崑圃先生延余主講承澤書院校閱之暇與華亭丁履謙王中孚兩君遊焉時宿雨初霽風暖草薰乘筍輿循山麓行溪流汩汩若迎客兩山環抱奇峰插天多松或如偃蓋如虬龍山盡處仙女祠在焉入祠尋所謂仙姑洞者已湮塞坐稍定忽聞萬派驚濤破空而至怳然在錢塘江上起而覓之乃瀑布與松聲相間也石壁對立巨石壓其上危然欲墮水從空下如傾萬斛珠璣激射於亂石間及至地則又瀠洄曲折以達於澗夫天台之石梁廬山之谷簾爲天下巨觀以視茲之轟雷捲雪不知何如然石梁谷簾著名千古茲則僻處一隅曾無過而問焉者則是天下之奇人傑士湮没而不彰者可勝道哉予欲窮其源攀蘿附葛而登大石平臥廣數十丈泉行其上一望層巒疊嶂綿亘無際所從來遠矣足力稍疲乃不果往其時二君已不能從也二君告余曰仙女去後遺雨青鳥至今尚存予因祝曰仙女肯令予一見乎語未畢忽壁内戛然一聲一鳥飛入空際鳥衣翠羽其大如鵲亦一奇也因筆而記之以告後之遊者宋史昌卿鳳鳴洞詩何年雷斧鑿山裂六月蒼崖細飛雪孤鳳一去聲不聞海水桑田幾興滅我知仙去仙尚存時見眞形生巖穴青天半夜玉簫寒喚起幽人舞明月陳炳詩巨靈怒觸不周折驚崖飛墮空中裂半夜霹靂倒星河定知下有神龍穴黄木潤詩我生好遊跰雙足踏徧洞天三十六仙家門戸大荒唐誰識神仙眞面目仙姑仙姑生何年何年得道能成仙我聞有仙山則名姑今安在山依然笑呼彩鳳呼不應醉鞭老龍鞭不醒但見洞門深鎖晝長寒門外白雲三萬頃元戴俞詩一徑深行紫

翠開冷雲秋日護崔嵬泉流石洞龍長在石立空山鳳不來帝子空穿珠佩落仙禽巢廢玉塵堆懸知此地成眞境別是緱山舊月臺明車純詩捲天風霧暗危嶠仙女曾從此地超洞口雲生疑結幄山頭鶴過憶吹簫飛泉挂峽銀河落高木懸藤羽蓋飄猶記乙靈如昨夢坐依巖竇睇丹霄徐維賢詩步入南屏路百盤石門開處洞天寬丹霞繡谷三春煖飛瀑當軒六月寒仙女下天聞鳳至山人乞雨識龍蟠看來靈境堪招隱便欲投閒此挂冠謝讜詩攜朋探勝跡丹洞足游觀山積千年翠泉飛六月寒密蘿縈斷石幽鳥度危巒仙子今何在空餘絳節看李陪詩千尋瀑水響空林石峽天開罨檉陰欲問仙姑乞丹訣洞門谽谺白雲深倪涑詩乘鸞仙蹟渺難尋過雨松杉接地陰茅屋三家藏曲澗瑤泉萬斛湧高岑浮雲變幻千年夢盡日飛鳴一羽禽漫道小車遊興淺攜筇誰是昔人心徐希濂詩春風十里正花殷石磴紆迤澗水潺天外林香雙袖裏空中仙閣萬峰間法雷夜夜迴笙鶴晴雪時時濕珮環落月殘鐘清夢曉應疑身綴上清班錢越詩棲遲春欲暮故作入山遊仙

籟淸聞鶴飛濤怒激虬浮鷁時出沒看碣獨淹留好問
長生訣遙疑石點頭　國朝陳邦泰詩仙子餐霞去帝
鄉巖蘿壁蘚儼餘芳四山翠擁花宮靜一水珠噴月殿
涼雲表曾聞鸞鶴駐風前疑有珮環鏘吟僚茶話僧窗
久疏路籃輿半夕陽徐迪惠鳳鳴山瀑布歌鳳鳴之山
何險巇嵌空玲瓏勢出奇山頂瀑布劈山下銀河倒瀉
天風吹巨石當崖壓欲墮兩峰雙夾危乎危中通一綫
漏日月照見匹練從天垂初疑白龍欲飛去排山倒峽
先下窺又似龍飛不得出五丁拔尾相爭持靑山滴髓
石噴沫神穿鬼鑿何年爲昔聞東漢降仙女翩然跨鳳
來遲遲泉聲戛石雜風響鏗鏘環珮交參差至今鳴鳳
歸碧落山中剩有仙女祠世間人巧不到處天工假手
皆相宜我行足跡半天下探巖尋壑無告疲北走黃河
陟泰岱名山收拾囊中詩故鄉靈秘今始見仰觀俯矚
情爲移暮逐流水出山
去一聲野鳥煙迷離

大井嶴董家嶴在縣南五里百雲溪之左嶴旁有朱娥祠

其右曰費家嶺萬曆志。○明楊珂詩沙隄曲曲繞溪行山盡天南雨乍晴密樹半含孤嶂出殘花遥見數枝明幽莊客到酒應熟高閣春深鳥自鳴更值清明風日好春林鬱鬱護佳城

落星石在縣西北四十餘里舜江中高丈餘太平寰宇記江潮浩漫石亦不沒歐陽修云吳越寶正六年封寶山石萬曆志。○案備稿云落星石多有其名一見嘉泰志石在餘姚縣西二里後邑人莫若鼎以其壞舟鑿去之一見會稽志在曹娥江中高丈餘當即上虞落星石舊志皆云吳越寶正六年封爲寶山石是誤以武林之落星石援爲故實恐錢王未必一一加封也

糶米石在落星石東南長亘里許闊尋丈俗謂舜糶米之路凶歲石現米價騰湧士人用以占年萬曆志

重華石在百官舜帝廟前擊之有聲萬曆志

聚星石在資聖寺旁方廣約五丈餘高七八尺萬曆志

案萬曆志山川篇仿山海經水經之例敘山而兼及川撰箸甚善惟按諸形勢東西南朔不甚聯屬今用分敘之例首城中諸山而四鄉之山則以南爲先蓋虞山胚胎於南也由南而西南而正西由西而北而東而東南川亦如之虞地舊兼始甯今始甯半屬嵊境如歷山嶀山車騎山成功嶠之類以今地勢攷之多非虞境然其始固始甯也舊志相仍不便擅削惟後漢書注之虞山水經注之㟪山菻山破山萬曆志之烏膽山筀竹嶺姜山俱遠隔他境確非虞地謹皆從刪又備稿山川一門多分子目如曰嶺曰峯曰石曰洞之類不勝枚舉今擇與某山相聯者卽載其下而落星糶米重華聚星四石無可附載故識之於後

右山下

海在縣西北東連勾餘西入龜翥北負海鹽南抱邑壤而江湖之水宗焉縣距海六十里其甯遠新興孝義三鄉皆倚海濱萬曆志

纂風湖在縣北海驚濤怒浪西奔錢塘南瀉剡縣皆起於纂風蓋其中有二大石若巫峽名大澤小澤如龜翥之狀潮入則急激而生若雪山崩郤世謂其險惡過於羅刹萬曆志

通明江在縣東十里源出餘姚江案江導源縣南太平菁山北流入餘姚江云源出餘姚者誤其西自運河入於江嘉泰會稽志下注姚鄞二江而

會歸於海即七里灘也萬歷志潮至可通巨艘潮退必須稽候時日如天雨四明水發可無阻礙康熙志。案四明山志菁山下云當姚江導源名爲菁江歷上虞境盡始爲姚江故唐權德輿詩云越郡佳山水菁江接上虞據此則通明江即古菁江非入姚境始爲菁江也

上虞江在縣西二十八里源出剡縣東北流入江分二道一出曹娥一自龍山下出舜江又北流至三江口入於海嘉泰會稽志。案洪稚存乾隆府廳州縣圖志上流曰剡溪自嵊縣北流入會稽縣界曰曹娥江又入縣北界曰上虞江錢玫補稿曰上虞江乃曹娥舜江之總名非專屬一江也。明姜貞詩偶憶藏書穴扁舟向剡溪岸花千片墜沙荇一行齊漸與遥山迫翻令入境迷悠悠泝清淺明發待攀躋孫鑛詩寥落窮冬盡躊躇古

渡頭低雲迷樹色積雨漲江流未就藏山
史初回見戴舟巖居猶世網深愧水中鷗

曹娥江原出上虞縣經縣界四十里北入海嘉泰會稽志名勝志云自剡溪來東折而北至曹娥廟前名曹娥江又北至龍山下名舜江又西北折入於海萬歷府志云以漢曹盱女死孝名潮汐之險亞於錢塘坍沙陷溺常爲民患諺曰鐵面曹娥備稿○案徐（齊）召南水道提綱曹娥江西北爲三溪至嵊縣南而西西港來會曰剡溪稍東折東北經浦口有溪自東南來會又北流經清風嶺嶀浦三界過東山至蒿壩東南爲曹娥江又名上虞江北稍西經梁湖及百官鎮西又東北會夏蓋湖水至瀝海所西入海○唐蕭穎士曹江秋曙詩扁舟東路遠曉月下江濆瀲灩信潮上蒼茫孤嶼分林聲寒動葉水氣曙連

雲暾日浪中出榜歌天際聞伯鸞常去國安道惜離羣延首剡溪近永言懷數君翁逢龍詩再拜靈娥廟魂清若可招幡風吹古渡帆月落殘潮碑有行人讀香多野客燒迎神漢朝曲時聽起雲霄邵梅溪詩客舟艤盡江頭月忍聽寒潮夜哽噎那知江上無情波總是曹娥眼中血元韓性詩隔岸檣竿著暮鴉待舟人立渡頭沙數拳頑石生雲氣一片斜陽有浪花徐宏甫曹江野泊詩野草淒淒滿地清孤墳千古最傷情江涵冷月人何在夜半潮聲帶哭聲明貝鏞曉霽渡曹娥江詩渡頭帆落與雲平江上花開相映明兩岸人家通海嶼一川風色送潮聲斷碑已沒中郎篆古廟終存孝女名自歎經過繁客鬢卻將書劍負平生陳子龍雨中夜渡曹娥江詩攜燈還擊棹清江夜悠悠川暝始當野雨增剡嵊流驚濤出寒渚微月淡芳洲佇沙空躑躅涉水更夷猶彷彿滄波外嬋娟不可求況復當遙夕霜華正凜秋蕭颯靈風至翠旗光已收逝將捐子佩繫藻此淹留無由達明信何以慰慇蘭舟又冬涉曹娥江詩夕宿淹長道晨興涉廣川峽雲昏草樹江雨雜人煙風急神娥廟天寒津吏

船泝洄信可樂思卜剡中田王稱登渡曹娥江詩會稽逢夏至朝日散羣峰問路有千里過江非一重空山祠粉黛荒塚葬芙蓉寂寞無人問尋碑憶蔡邕豐道生詩東歸半載又西行十里江潮兩岸平人跡水紋沙上密山光樹色雨餘清長年奮櫂催登涉野衲闚門厭送迎借榻蕙蘭春夢短白頭相對不勝情沈明臣詩隔水曹娥廟經過幾歲華潮來蟶浦近江抱鳳山斜落日臨官渡迴波動遠沙所嗟元髮改猶自向天涯葉太叔詩秋水連汀渚林花隱驛樓乾坤荒殿立今古大江流黃絹碑重勒青山墓獨幽如龍庭下柏曾得漢雲留盧廷臣詩清風巖畔血痕多淚染湘妃竹外磨曾似千秋尋父恨潮聲猶帶哭聲多

舜江自曹娥江至龍山曰舜江北至三江口入海即舊名浦陽江也萬歷志○國朝全祖望浦陽江記浦陽江水發源義烏分於諸暨是爲曹娥錢塘二江其自義烏山南而出者道由蒿壩所謂東小江者也下流斯爲曹娥其自山北而出者道由義橋所謂西小江

者也下流斯爲錢清曹娥之水由諸暨行而東至嵊至餘姚則已折而北始至上虞遂由會稽入海錢清之水由諸暨竟西下至蕭山及東向山陰入海一曲一直源流不同然六朝皆以浦陽之名槪之蓋嘗考浦陽之名漢時所未有故班志不錄然班志於浦陽東道之水則曰柯水而系之上虞卽曹娥也西道之水則曰潘水而系之餘暨卽錢清也續志則有潘水而失柯水其以浦陽名江也始見於韋昭然續志出昭之後尙未登其目則不大著也浦陽之名至宋齊之間而大著其時合曹娥錢清二水皆曰浦陽謝康樂山居賦中所云浦陽皆指曹娥李善因之而南史所載浦陽征戰之事則皆指錢清歷考唐人所作十道志元和志皆無此二江之名元豐九域志曹娥以鎭屬會稽錢清以鎭屬山陰尙未有江名其以江名也自南宋始吾讀酈氏注水經其所志浦陽之水本皆屬曹娥其末始引及蕭山之潘水則是錢清之上流而疏析不精不知其已分而爲二而反以爲合而爲一故曰上虞江水東至永興與浙江合則是太康湖嵊浦之水能至義橋麻谿以入海移東就西

其謬已甚蓋酈氏未嘗身至江南以有此失也抑或者六朝之世隄堰未備東小江之水尚能西出則東道之水得至永興亦未可定是非爲酈氏回護也考其時則然矣乃施宿辨之而不審近來越人遂謂浦陽非曹娥但屬錢清以此糾酈氏雖黃氏水經亦有此言則又非也夫酈氏以浦陽爲曹娥本之康樂山居賦康樂身居其地者也豈有誤取百里以外之江名而加之所居之江者此固不待辨而可明也況南史浦陽江南北津各有埭司以稽察胡棋碉曰南津埭即今之梁湖堰北津埭即今之曹娥堰其與西陵埭柳浦埭實與六朝稱四埭然則浦陽終以東道曹娥之水爲經流而西道匯於錢清者爲支流六朝官制蓋班班足與水道相證明安得反以之糾酈氏也是所謂攷古不詳漫生疑論者也蓋浦陽之水東行者當堤堰未興之日自餘姚達於何章之境凡嵊浦姚浦漁浦剡谿簟谿胥會焉由柯水而東直達於句章之渠水而止非猶夫今日之曹娥酈氏之言可攷也斯其所以爲吳越三江之一若但以錢清爲纆絡則狹矣奈何反溝曹娥而絕之乎酈氏以上虞

江稱曹娥而錢清則否以是知曹娥之爲浦陽經流無疑也乃若漢志上虞柯水即曹娥而張元忭謂即山陰柯橋之水則益謬之甚者蓋使以錢清之尾言之或可引之至柯橋而又安得系之曹娥以東乎山陰令舒樹田同舟過梁湖語及此故記之

小江在縣西南四十里水出會稽界而入大江水經注小江源出姚山謂之姚浦亦名小舜江西爲會稽東爲上虞其源出浦陽江東北流經湯浦入曹娥江萬歷府志○唐皇甫冉東小江懷靄一上人詩江上年年春早津頭日日人行借問山陰遠近猶聞薄暮鐘聲

東明湖在東城外奎文閣後運河積水之委以稍闊故名湖周一里餘荷花盛開香聞數里遊者每刺舟其中酌

酒賦詩採蓮而歸亦避暑勝地萬歷志○明徐學詩五日偕雷柏山陳蒲州泛舟東湖踐春郊之約詩端陽擬泛湖中舸舊約追尋郊外春彼姝者子藝空谷不速之客忻故人艾葉榴花爭節序蒲觴角黍聊情親迴舟忽展水東眺昨日權悰今已陳陳縮次韻和詩出郭偶因端午節追懽猶當去時春且看艾葉初經眼莫道繁花不待人西蜀文翁眞不俗南州高士坐來親他年越水傳遺事此日風流尙可陳

查湖在縣東北十五里嘉泰會稽志大查湖在縣東北一十里小查湖在縣東北一十五里相傳查氏昇仙於此故名見明姚輯查湖歌載文徵○新纂

白馬湖在縣西北舊作西南四十里夏蓋湖南嘉泰會稽志今名午湖取午馬之義水利本末○明王晃詩十八里湖船不行江頭日日問潮生未同待詔沈金馬

郤異看花在錦城萬里春風歸思好四更寒雨客燈明故人湖海襟懷古能話舊時鷗鷺盟

皁李湖在縣西北五里周一十五里嘉泰會稽志 中有姜家獨山曹家獨山杜家墩大小牛闌墩旁有鵓鴣嶆潘家陡寒天岡鐵甲山黎奧周奧蔡家葑諸嶺又有馬郎灣施家嶺姜婆奧鮑家奧瀾嶺羣山圍繞有八景曰杜墩夜雨郭墓春雲姜奧雪樵馬灣雨收陡門水勢瀾嶺泉聲東坂朝耕西塘晚眺 新纂○元莫嗛甫皁李湖八景東坂朝耕詩東坂多沃田一犂新雨足農事利及時晨興飯吾犢日上扶桑紅煙銷原草綠不憚三春勞惟圖九秋熟又西塘晚眺詩西塘日未曛縱步湖邊村措節一凝睇百頃皆黃雲登場多黍秫散野饒雞豚預期足官稅釀酒延比隣明劉鵬皁李湖八

景西塘晚眺詩岸巾塘上正斜暉嬌首遐觀思欲迷怪底沙鷗眠不起無端野鳥背人啼葉砥阜李湖八景杜墩夜雨詩二杜神祠何處尋湖南松柏晝陰陰家居已被洪濤没廟食於兹歲月深社鼓鼕鼕民報祀鬱香馥馥酒重斟古墩夜雨成遺事父老相傳說到今又東坂朝耕詩野外煙橫曙色分呼兒驅犢向東村已欣雨足田疇水又聽鳩啼隴樹雲家有舊醅能醉客鱠絲新鮓且供親秋登獻罷公家賦不畏催租吏打門陳繼疇泛阜李湖詩尋芳蓮豔浦弱水和香浮畫艇輕輕掉煙波處處收日鬢橫赤鯉風片落蒼鷗晚氣侵樓遠忘機付碧流

夏蓋湖在縣西北舊作西南四十里湖內三十六溝其岸北二斗門依山有神祠湖東北則夏蓋山也夏蓋一作夏駕又作夏架嘉泰會稽志引灌五鄉兼有菱芡芙蕖魚蝦之利

俗謂日產黃金方寸萬歷府志○明謝讜夏蓋湖賦夏蓋之山名肇禹代湖從山名亦稱夏蓋星應斗牛地瀕溟渤匪歷陽之陸沉詎巢城之陷沒長慶以前實惟菑畬時暵時潦靡泄靡瀦泉思既集羣議用孚甯失利以爲利遂劃田而成湖環迴百有五里延旋乎五鄉六都包十千餘石之賦稅灌十三萬畝之膏腴上妃白馬發其巖東磋諸閘殺其溢彼餘姚之蘭風及會稽之延德理無關而勢聯依每竊潤乎餘澤往蹟覈於貢記利病殫於陳書陳恬悉其本末德元彰之聲詩爾其大德曰坎虛受維謙納垢示廣埤液成廉蓄牧有洲濯纓有沼於維鏡潭澄澄淼淼滉漾澶漫瀠昂漾參差九墩碁布星浮分列左右者三十六溝洵於越之勝覽上虞之巨浸也爾其良晝則纖雲不翳入風不翔一碧萬頃吞昊浴陽羣嘌倒蘸鳥若淵藏潛鱗爆采繁藻生光良夜則白露曖空微波不涌纖阿御天玉壺清瑩列宿珠沉長河接炯晝之變則飛廉鼓怒陽侯簸威靁曀靄霏澋瀵洶灑漕艫虞覆估檝懼摧夜之變則馮夷泣豐隆軒彧燐爂爓熒熒青青鵂鶹駭夢魍

魑呈形羈人觸而魂陊放士感而傷精若乃景煦物艷綿蠻遠聞文鶴競汎綺羅繽紛掃墦甃淚拾翠懽釣𤼵有治子茵萸斟酤歌陽春謳白紵吹竹彈絲奏商宣羽閭糌音喧訬婧舞綴術乎陽陽融乎洩洩夕暮言旋詰朝罔替事襲乎流觴義祖乎修禊迨夫秋水時至涼月揚輝逸儔協與縱柂飛盃以咏以和不醉無歸或迎薰欸乃或玩蓮倚橈或孤綸雪釣或策蹇梅橋節以序改樂以興饒其禽則白鷗容與振鷺于飛候雁霜宿翥鶩霞齊亦有鴛鴦鸜鳿鸂鶒鸕鷀鶴鵰翡翠鷫鸘王雎沉淫泛濫風猫萬啼理翮泜瀅刷翰瀾漪于是犁山巖窔之徒張罾尉於黝夕設罼罕於寒宵雖巧取而夠獲祗以充乎富庖其魚則嘉有赬鯉濁有鱄鰍鱅有玉筋鱻有馬頭鼈團蝦曲魴廣鰻修銀魚皓而潔鍼魚腴而鱻鰋與黑鱶俱鱺鱝與白鰷並妍撻翠鯖振素鱗戲晴瀨躍涤津於是釣客仁取獻人瑣營游罳百袋竹罩瓦繩大網腰網大罾手罾圍者不及竄入者不得生其蟲則青螺黃蜆河蟶海螄蝌蚪夏變蟛蟹秋肥蜻蜓蛺蝶蠛蟶蟷蠰義蜂智壁吟蚓啼螿嘒嘒鳴蜩熠燿宵行不足

紀者虵蝨蠅蝱其草則菡萏嬌灼芙蓉靚芳蓼紅蘋白蕪綠荇黄叢蒲攢蔣蒹葭蒼蒼雖無蘅芷蕙若而藴藏可以糞田雖有蒺藜蒿蕕而菖歜可以延年掇菰可席刈莎可燃菱藕芹芋之類雞頭鴨脚之屬揚眊擢茸嬰娜鞞蕤者不能備錄其木則菀柳香欅霜楓翁艴松欝桑疏李穠櫻直金橘玉梅緋桃黛柏莫不被麓而榮遵崖而植其竹則筆䈽龍鬚篔簹桃枝綠浦挺巖檀欒陸離其中有山焉土長走蔡馮岡卧峰石竹覆甗洋島橫艘鯉魚奇於甑筭柴山陋於梁山稱名荷葉者秀拔乎其間文石磥磊翠竹琅玕隱淪之所登嘯文侶之所盤桓其東則九峰蜿蟺若龍小穴小於禹穴福祈岐聳牛頭屹嶀伏龍岩嶙驛亭異薜柯山亦培塿修隄何透迤破岡岡勢斷鳳嵐抹翠微林谷嚶溟而喬木蔚蔚閬闠密比而人文輝輝其西則沃疇埴畂案衍壇曼蟺江帶縈衆流縷亂生齒偕而農功勦百貯壅而千豐粲其廟則有張湖嵩城雙楓桂林錫禧奠境祀事有王戒德之梵宮已隶纂風之龍象維森又有張相陳侯劉使桑王陰績溥彰禱之者危亦晏賽之者荒亦穰尚鬼之屬俳

優靡迤其南則蘭皐岑律蘿巖宧崔玉几爽塏龍松詭奇錫溪滃潤癸巳葳蕤石堰陡門咽喉要所卉羅印筴波深漁浦天作階梯佛留步武謝陂娛康樂鐵舟溺鵬舉重華遺蹤於百官曹娥著名於千古又南則有蘭芎與金罍元聖之所窟宅靈仙之所遊棲丹竈遺而絳塱滅玉檢閟而琳文垂五癸峛施百樓嵬嶷東山雲散蔡墓風淒夔峰嶚巘森列而疊峙其北則靈海委輸蜃氣樓臺山崛岉以摩漢墜蹙縮而多才焉隆瑞蓮渚砏汃鳴鶴磯玲瓏青野堂蕣抗春草池爾乃鍾靈毓秀儁喆迭生遐哉邈矣吾何以憑求之近世則李莊簡精忠直氣貫耀日星文授知退奕世蜚聲陳時舉博文秉濂謝廷用玩世適情陸克深煥文志道既廉且貞潘孔修析理精密翊我聖經俞本素父子善學徐仲昂昺弟著稱其他朱紫聯翩軒冕崢嶸烈頌孝子吟士翰卿既不能計亦不能評若乃劃田以利甿者則有趙與林之羨能李與韓之懿政樂凱而僑居者則有王叔雨之清標朱伯賢之知性相羊而來遊者則有劉坦之之吟才王宗孚之逸興是皆發湖之精增湖之勝者也然則是湖也

雖匪覆笥之浮石雁明聖之產金牛殆遠之而嬿譽於郎官具區近之而超光於鑑湖汝仇也○宋王商翁詩萬頃平湖翠嶂連闌干開倚畫圖邊風煙收盡寒波靜一片光浮上下天明夏瞿詩大禹峯前蓋湖水三十六宮春正深桃花逐浪漲晴碧楊柳拂隄生晝陰臨流飲馬壯士志坐石觀魚幽客心不堪歸棹入城府回首暮雲凝碧岑沈明臣詩一日孤帆風正長萬山晴色滿湖蒼天青鷗鷺都如雪秋盡蒹葭未及霜漁戶半依船作舍人家多借水爲鄉故園物候應相似蟹稻田田橘柚黄謝丕過蓋湖詩出門便覺有風波半掩蓬窗且醉歌十里蓋湖行盡處好山偏傍越江多潘焯晚過夏蓋湖詩窮鄉獨客偶經過滿目清愁奈若何海外角聲秋晚急江邊漁火夜深多殘煙漠漠橫孤嶼寒雨瀟瀟濕短蓑一鳥不鳴人跡靜閒將白字自吟哦

破岡湖在縣北二十五里舊經云吳時望氣者鑿斷山岡故名嘉泰會稽志

四角湖在縣西南五十里嘉泰會稽志案虞地多湖詳載水利惟東明查湖白馬夏蓋皁李諸湖水利古蹟彼此互見故並載山川又破岡四角二湖見嘉泰會稽志舊志失載謹補於此

玉帶溪在縣城中源出南山諸澗北匯楊橋下入運河大雨水漲常苦壅塞乃鑿二渠於百雲門外使分流入城後復淺澀宋嘉定中邑令袁君儒浚治之置四水閘於港口於胡家橋作小斗門楊橋置小閘以備旱潦其溪旋繞城中如帶故名廣一丈許萬歷志○國朝范蘭玉帶溪歌盤盤玉帶溪沿岸酒人家九月流落葉三月流落花溪上人家住看人日無數菱舟拂雨來畫槳遊春去落日溪風微溪水

凝綠暉水光一以動鵲翠啣魚飛溪女漂絮
寒溪翁釀酒煖不願溪水流但願溪水滿

萬歷志曰虞城中有玉帶溪緣河自西直東而迅瀉於清水閘水鮮源匯流無曲折且澇易盈旱易涸將槁溺之多虞也風氣之弗聚而人財之寡殖也古之令虞而造治者有深思焉乃溯源於百樓坤山之嶼導南澗東西溪諸水漸爲八渠以合西北之水遶於四境號曰玉帶溪而流自東北者又曰青龍瀆云其導自南水門入者二支循西涯傍民居直北至楊橋達運河是爲玉溪第一流其稍北轉東從胡家橋入由陸門蜿蜒以至東城下轉北過打鐵橋達運河以夾輔巽水是爲玉溪第二流由陸門中分向北從鷺鳴橋出又橋內過東經東中丞門內自小橋出與打鐵橋水會則又一支分之別派也其導自長者山址南便水門入者三支一沿城而東過張宅橋折而北汪洋於鍾副使宅前西側爲池名曰大池頭自後漸窄由民居中直至張家橋北出望稼橋俗呼小八字橋達運河是爲玉溪第三流一沿城數武轉折而東東盡爲碟池池西落北過來學橋至三叉港

向東過玉帶橋出望稼橋達運河是爲玉溪第四流一自便水門直北轉東過顔侍御宅前亦從望稼橋而出達運河是爲玉溪第五流此便水門三支所分也其導自通澤門入者亦三支一由水門直東出望稼橋而達運河是爲玉溪第六流一由東將至三义港而北入小橋自盧氏世仕坊側直至後盧屋邊從小橋出縴路口達運河是爲玉溪第七流一由東至金罍山後過觀橋由新河直至晝錦橋達運河是爲玉溪第八流此西南水三支所分也至於邑西北之水發自五癸縣後諸山與百雲坤山相應其水多由山澗田澮而來或霪雨暴漲則田廬成浸故亦疏而爲溪起自衙後迤邐而西過顔郡伯舊宅轉折向南從尉司衙直下由陳侍郎正屋西側出姜家一橋以達運河與西南之水從晝錦橋縴路口出者合流一起自放生池由池東從張朱兩家屋後出北司前匯爲黄蠟池南向轉東過草石二家直至張氏舊宅前過新街小石橋新街北有高處者是從張黄門宅北謝杜史宅南過陸郡伯宅後抵等慈寺西房門内今有小池跡存橫過便民倉後向南至東城近北埠頭邊入

運河（今河邊尚存溝跡）與東南之水從東城下打鐵橋出者合流其傍張氏舊宅西偏另分一港由儒學東出浴堂橋以達運河則與望稼楊橋鶩鴨橋出者合流蓋運河猶人身而東南西北溪所出之水則如人身之血脈無不貫通於肢節而環抱乎一身宛然如帶惟衙後高阜處爲縣治地脈所從來難以疏鑿則於東衙衙出司前處開池相映以遥接蠟池之水而珠連不斷正如帶之隙處有錡然自有此溪而來有源蓄有滙支有曲折勢有迴旋潦不患溢旱不患涸而且巽水一帶縈洄於城中夫血脈通則人壽水脈通則地靈吾虞之初歲常稔戶多殷而人文頗盛未必不由此矣其曰玉帶者或云取其德潤善蔭故名或云南山火星盛故南之溪曰玉帶北之溪曰青龍特命名以厭勝之耳總之顧名思義則其可興不可廢宜通不宜塞明矣南門外舊有橫涇壩以節水令之入城今特設閘於水門外之東瀦水爲湖使源常裕而沛流易甚得之矣其由胡家橋入者水面廣亦如故滔滔可資灌溉直達城下獨鶩鴨橋一帶稍窄淤然未盡塞也其自西南水門入橫過觀橋出新河

者廣如運河通達無論郎三义港西北入小橋自緯路出者中間不無侵淤難以通舟然猶成溪道濬之亦易爲力若由衙後繞出姜家橋者溪跡亦存今已如法開復再一勘定修砌之而畢矣惟夫由北向東城下之溪紆徐委婉其經涉遙其分派瑣其積爲民居者久大抵存者什三淤者什七宜自其迹之未泯者循其緒脈稍事尋求但令不絕其涓涓遺道而人猶得指之曰此故玉帶青龍溪也宜必有毅然而圖復者則所以斡旋風氣而復還古初顧不存乎其人與

百雲溪一名新開溪　在縣南上王山下引上舍嶺水入百雲湖嘉慶志

鳳鳴溪在縣東南十里鳳鳴山下接南山諸澗之水由胡李溪入百雲湖嘉慶志

胡李溪在縣南流入百雲湖萬歷志○案在縣東南鳳鳴溪下

上舍嶺溪在縣南十里源出南山由百雲溪入河嘉慶志○案萬歷志由玉帶溪入河

夏湖溪在縣南十八里嘉泰志云在縣東南二十五里誤太平山以下諸水皆會於此萬歷志源出黑龍潭由下管寶泉至浦口入江流注五十餘里嘉泰會稽志

任家溪在縣南十五里柹樹潭下流注冷潭三湖入橫塘

新纂

交水溪在縣南二十五里下谷嶺下發源白龍潭二水交

流故名萬曆志

乾溪在縣南案距縣二十里發源朱家大山合流於交水溪雨則溢暘則涸故名萬曆志一在十九都距縣南四十二里源出烏鳳山北流過太平山下新纂○宋陸游詩南劍歸來席未溫南征浩蕩信乾坤峯囘內史曾遊地竹暗仙人舊隱村白髮孤翁鋤麥隴茜裙小婦闔籬門行行莫動鄉關念身似浮萍豈有根

黃洞溪在縣南二十里嘉慶志云在縣西南二十五里誤源出仙嶠岡西南流十里入㭿樹潭新纂

沈家石埠溪今名大石埠溪在縣南二十里案嘉慶志云在縣南六十里誤西北流五里爲夏湖溪新纂

李溪在縣南二十五里萬曆志 源出黑龍潭會九溪之水注夏湖溪嘉慶志○案嘉泰會稽志載李家溪云在縣南六十里源出白龍潭由上山鄉寶泉浦口入江嘉慶志亦載是溪備稿謂李家溪與李溪疑屬一溪今不並載

西山溪在縣南二十餘里西山下萬曆志

石溪在縣南三十五里嘉泰會稽志 自太嶽山達於浦口萬曆志

鹿花溪在縣東南三十里案原志作五十里 檀燕山下有鹿含花渡溪故名萬曆志○明徐濟詩青山東畔水流西楊柳條長水面齊兩岸夕陽晴雨後野麋含得落花歸

管溪在縣東南三十里溪之中有石橫亘如龍曰龍石萬曆

志

錢溪在縣東南三十五里發源於錢庫嶺西流十餘里至下管爲鹿花溪新纂

朱溪在縣東南三十五里發源蘆溪流入下管溪新纂

陳溪在縣東南四十二里自五果嶺餘姚界至潘山與妲溪會於石筍山下萬歷志

孫溪在縣南四十五里西北流入妲溪新纂

妲溪卽達溪在縣南四十五里發源魁山西北流至虹橋與孫溪合新纂○案四明山志魁山有三龍潭崩湍次第而下中潭之巔奇石橫空激水答響妲溪出焉

太平溪在縣東南五十里接白龍潭諸山之水注於江萬曆志

飲牛溪在縣南五十里白道猷巖下石有繫牛足跡溪以此名寶慶續志亦曰隱牛溪白道猷騎牛入山之路牛隱其地有倒行跡故其地曰牛步萬曆志○宋江公亮詩亂峯深處隱有一作招提古木層陰白晝迷好是道人巖畔月夜深清照飲牛溪國朝釋惟楫詩日來月往問溪頭水碧沙澄兩岸秋惆悵飲牛人不見隨波上下只雙鷗

杜溪在縣南十里源出費家嶺與東溪合流萬曆志

東溪在縣西南十里源出坤山入城河萬曆志

西溪在縣西南十里源出象田諸山入城河萬歷志

象田溪在縣西南二十里發源象田諸山注於江萬歷志

洗藥溪在縣西南四十里西莊山葛仙翁嘗滌藥於此水底石如碎丹砂流去復生他水皆受穢惟此溪澄澈纖塵不棲亦一異也舊浙江通志萬歷志

漁門溪在縣西南源出薛水注運河萬歷志

楊家溪在縣北嘉慶志在縣北北十五里長十里發源蘿巖諸山流注白馬湖萬歷志

蓀溪在縣北案在縣北二十里發源蘿巖諸山流注白馬湖萬歷志

竹溪在縣北二十餘里蘭阜山陰西流與蒸溪會入白馬湖新纂○國朝徐維春詩結廬蘭阜幾春秋溪水門前自在流合是桃源好風景落花新漲引漁舟

疊錦溪在縣北案在縣北三十里馬融故宅之西宋朱文公晦菴講學於此萬歷志○宋朱晦菴詩疊錦溪邊馬融宅坐看春雨落斜斜石渠流出桃花片知是當年宰輔家國朝范蘭詩一曲清流村市西人煙青靄夜烏啼月林書院今寥寂莫問誰家疊錦溪

大雲溪在縣北三十里納寒山黃坡湖東西嶴之水北流達五夫河五夫志

浿溪在縣東北十里蘭阜山下萬歷志發源蘭阜蘿巖諸山由二都旋繞至一都化度菴側東有小水入之合流入

大查湖新纂○明姚輯詩一源出自蘭阜山東流十里聲潺潺水聲晝夜不曾息流出查湖漾晴碧晴碧倒浸蘿巖峰源流浩浩來無窮昨夜山中雨初歇桃花兩岸開春風漁郎不敢放舟入花開只恐迷歸蹤世人爭說有桃源桃源之說終茫然何如溪近我書屋淚水流聲鳴金玉

牛欄溪在縣東二十五里發源牛欄山西流入東小港新纂

冉溪在縣東十八里發源清賢嶺西流入四明東港新纂

賀溪在縣東二十里世傳唐賀知章嘗居焉萬歷志○明徐希濂詩卜築名山事有無風流千載足師模不容秘監成眞隱且伴青蓮作酒徒此日清溪猶賀姓當年狂客儘人呼灘聲樹影時相逐春色何須憶鏡湖　一云晉賀循寓此明初倪元道安道好客名士多集其家見四明山志○明宋元僖賀溪即事詩九首倪氏書樓北清流曲曲

括字下當加一蒼字

流主人能好客釀酒續茶甌溪光流翠玉鳥影度清潭洗硯梅花落山童在水邊西嶺青雲近時聞伐木聲千絲初掛柳二月未聞鶯洞庭秋水滿落木共誰愁雨滴湘妃竹啼痕到石頭前後山溪合東西戸牖開初陽晴看畫新月夕銜杯俗客無緣到前溪隔世塵三冬曾下榻猶憶董山人董仲載天台人深於地理風流吳老子作畫愛梅花醉看西窗影更闌候月華吳季章姚人滑公江海客頻到賀家溪采藥行雲際吟詩過水西滑壽字伯仁朱老金鼇客王仙白鶴來長留詩卷在不棹酒船回朱伯言名右天台人王叔雨名熙陽括人

麻溪在縣東南十里源出壽桃尖山會任嶴諸水北流入河新纂○案嘉慶志云在金沙嶺下源出茄嶴誤

茄溪在縣東南十餘里發源茄姑潭會茄嶴諸水北流入河新纂

顧墅灘萬歷志灘作潬在縣西南四十里杜京產與同郡顧歡同契在東山開舍授學世傳顧歡家墅於此嘉泰會稽志

杜浦在縣西南四十里梁杜京產之居也案京產傳在始甯東山開舍授學州辟從事稱疾去自浦之東山一里許其山舍下臨此浦○嘉泰會稽志

洮浦水經注縣下有小江源出洮山謂之洮浦浦西接山陰浦而達於江浙江通志

槎浦在縣西六十里嘉泰會稽志有廟祀張騫相傳有枯槎浮海至此新增

舜水在縣南自會稽界東經縣界五十三里東入虞江萬歷

志

白水在縣南十里上舍嶺下一在縣南四十里昇相山巔萬歷志

葛樹潭在縣南二十餘里楓樹嶺下萬歷志○國朝徐允達詩清泉萬斛靜無波老樹臨流隱薜蘿一片雲光飛白鳥四圍山影浸青螺若耶只少荷花採淇水依然綠竹多坐對蒼葭忘日暮伊人不見悵如何

彈潭在昇相山之巔垂瀑百餘丈匯於潭潭上巨石隱隱有足跡號仙人跡嘉泰會稽志

陰潭在縣南五十餘里寨嶺西萬歷志○明葛木詩絕壁臨流試一登肩扶童子拄

蒼藤山翁出逕松陰下勝境還言在上層

白龍潭在縣南五十餘里官符嶺上萬歷志○案嘉泰會稽志云在縣南山頂有三潭凡請禱者挽攀而上僅至下潭已目眩股慄不可留傳云昔有白龍見故名備稿謂此即今黑龍潭是也○明徐文彪詩四壁千丈居天心臏有松聲與鳥音中天日過午淡淡六月泉飛時陰陰山色翠連雲漢合霞光清浸碧潭深年年此地秋空晚長見白龍來護岑

黑龍潭在縣東南六十里萬歷志○府志作在縣東南四十五里兩山外夾潭界其中其山名潭山萬歷志作黽山山之上下凡三潭一潭居山腰前有禮拜石平如掌遇旱禱之恍惚有黑龍見其上潭在山巔人跡罕至土人云每至二潭則已眩暈

不能支矣嘉泰志萬歷府志○案萬歷府志又云萬歷十一年大旱餘姚烏山鄉民相聚迎龍於茲潭將一木箭貯水到潭拜禱畢則有小青蛇見箭中舉歸至中途失之急奔往禱而蛇仍來至舉至郡大雨滂沱矣凡往迎者其田皆霑足餘田則否靈應如此次日送還潭致敬以謝須臾蛇不見○國朝陳夢星遊黽山黑龍潭記凡宇內山川之奇勝者不潛異人則必有靈物焉式憑之以隱其迹而顯其神若吾鄉雙筍石之有釣臺爲梁陶宏景先生之所潛也太平之有煉丹石爲漢葛稚川于吉二仙人之所潛也而其奇勝稱最向爲靈物盤踞飛潛挾風雲雨雷以乘時而布令者厥惟黽山之黑龍潭余邑南山人也邀同人曾至其地者遊之去家四里曰虹橋傍有潭名化紙潭中突出砥石凡祈龍神者必此通誠始石上灰印宛然經雨水不滅靈迹也山行六七里峭峯插天排空若削芙蓉轉入半里許爲龍潭村村人敦龐而愛客遇旱暵祈神者日凡數十輩往來憩息不厭以故適逢東道主謀挈壺榼以從自村入里許石欄橫亘數百丈嚴扃若關隘內產異蛙五

爪而紅頷者自此呼爲龍子因名地靈郎俗所稱黜山
縣者也又有石五六疊下小而縮上漸出亦漸大及頂
蓋一大石若軒然殆猶宮寢外門之上有墊焉耳路漸入
漸曲境更漸奇其怪石陡插有參差若櫱戟之環列者
有猙獰若虎豹之拏攫者復有跂望偃蹇若行人之竝
而待倦而息者約行三四里歷發符淨浴兩潭遂及石
階水潺潺從中階落脫屨升歷十餘級俯潭影仰天光
豁然若合兩境非復人間世矣潭周圓如璧約餘二畝
四圍直立數百尺若懷抱然其上虬松怪木森如也水
入處兩小峯對峙若闕門中驟飛白練作雲龍夭矯之
狀及半壁忽陡然落雷從洞門起鼓蕩一泓淨碧矣潭
右列亭址宛然志載前明縣令某禱雨靈應所建者也
爲徘徊者久之復下階環山走潭上徑險仄不容步路
忽中斷下臨數十仞有圓木二作橋焉予曰眞登仙界
矣攀援以進里餘轉入山麓忽有聲如崩崖激震然者
瞿然曰何響也同人曰近矣此二潭瀑布聲也曰何如
曰奇甚高儗百仞出峽懸壁淩虛若挂仰視則目眩俯
聽則心悸非初潭飛流界道比也及步至信然則宏敞猶

初潭形擬半壁高則倍之時解衣酣坐主人出酒與肴據石列飲頭轉覺涼甚微睇之見有如煙若霧者乃飛瀑之餘潤也予曰是可久留耶三潭何如僉曰徑仄甚潭則坦夷而深邃若宮寢然無復兩潭奇險矣盍反諸中有議之者曰以是地之奇勝不潛異人而潛龍得毋疑造物者之偏乎予曰不然龍澤被蒼生者也彼山中宰相果安所施其技矣至如化紙潭以內有黃龍有雪花而凡祈澤者必皇皇走險於黖山此又龍以地之奇而靈者也因歸而爲之記

鏡潭在縣北夏蓋湖中萬歷志舊名梟鏡潭沈奎補稿水深不測相傳有龍居之五鄉水利本末○明謝讜詩碧潭如鏡月痕滿桂花香幽荻花踆仙儕齊泛木蘭舟覓句飛觴夜何短

放生池在縣治南二百步嘉泰會稽志跨池而橋夏秋之交荷

開香郁居然佳勝萬歷志○明謝艮琦詩一泓池水映樓臺畫檻雕甍亦壯哉簾捲峯迴青拄笏庭閒晝靜綠侵苔連宵甘雨鴟鵬化五月香風菡萏開試弄虞絃懷帝德要當解慍阜民財

應家池在縣治運河南萬歷志

謝公洗屐池在縣西北三十里案在縣西南四十里東山旁俗傳康樂遺跡以其登山躡屐也然華安仁考古詩云謝公白首乘軒地長記滄浪洗屐時則又指文靖矣嘉泰會稽志

朱公洗硯池在縣西北四十里嘉泰會稽志○詳見古蹟讀書堂及祠祀朱侍中廟

學正池在六都夏蓋山南上元學正有經劃田爲之今遺跡猶存萬歷志

木樨池在縣南二十五里新增

始甯泉在東山萬歷志

潭水窪泉在縣東十六里石窟山下雖大旱挹之不盡清洌甘美不亞五婆新增

羅公井在縣東羅公祠側嘉慶志

桂花井在縣南三十五里張村泉甘如醴新增

福井在縣北小越嘉福寺前萬歷志

梁家井在縣北三十里黃婆湖遇旱居民賴濟不竭其泉甘而愈疾萬歷志

乳泉井在五夫長慶寺後色白如乳故名五夫志

右川

上虞縣志卷十九下　　輿地志二

上虞縣志卷二十

輿地志

水利

運河在縣南二百二十步源出七里湖漁門浦自阜李湖皆會於河西抵梁湖堰東至通明堰各三十五里嘉泰會稽志　萬歷志云橫亘三十五里備稿案今俗稱四十里河紹興初高宗次越以上虞梁湖堰東運河淺澀令發六千五百餘工委本縣令佐監督濬治宋史河渠志源出百樓象坤諸山由谿澗會注於河瀦蓄沙湖西溪二湖水以通舟楫資灌溉殺於清水

孟宅二閘而河甚淺窄旱則枯澇則溢舊有則水牌二一在九獅橋側一在姜家橋南今皆湮没城內河向爲居民所侵明嘉靖三年知縣楊紹芳歸河南侵地爲縴路約廣六尺自通明門抵晝錦門自後往來舟皆由城內頗稱便十四年知縣張光祖復歸河北侵地自通濟橋至水館亭約長五十丈廣八尺連南北共二丈九尺萬歷府志　國朝乾隆間知縣施繩武濬運河合城內外而并治之斥俸先疏縣治一帶以爲之倡施繩武濬運河碑記詳載文徵後河復被侵佔或建造水閣邑令慮紛更擾民令民每

閣出銀如干以作書院歲脩及課試生童花紅之需嘉慶志

兵燹以來沿河房屋率被焚毁瓦礫入河致多淤塞

同治三年知縣翁以巽督民挑濬同治九年知縣余庭

訓商同縣丞陳鑅邑紳陳夢麟等復籌欵開掘城河自

望稼橋至沙灘用錢一千八百餘緡新纂

萬歷志案虞邑運河在邑治南數十步東接通明西距

梁湖又東北有新開河抵新通明堰爲越明孔道第淺

狹而乏之源委時雨降則羣壑之水若懸瀑而下注既過

則溝澮不移晷涸矣嘉靖間鄭公芸於曹娥江許度其

地窪下可蓄江濱諸澗之水乃築堤爲防名曰沙湖以

注水於河歲久爲潮汐所圮萬歷丁酉胡公思伸增固

其堤堰以石閘而水益多豬又西溪湖在邑西南昔令

戴延興所置後廢而林公希元復之國初以來復廢爲

田萬歷癸未朱公維藩復之視舊稍減其水從東涇西涇入於河又阜李湖在邑西稍北其水從大小板橋港入河又百雲湖在城南昔鄭公芸築城時於南城作二水竇通百雲溪之水入玉帶溪久而溪淤霪雨暴漲城中之水反由兩水竇逆流而南與百雲湖會循城而東由新河入孟宅閘之潮河奔於姚江河源幾何泄於東復分洩於南堪輿家所最忌萬歷初丞濮陽傳始造石隄以防之水僅積而不能入城又西溪湖龔家畈等處夏潦時田禾淹没則其民每乘夜盜決未幾旋廢萬歷丁酉胡公思伸即其故趾作堰增濶丈餘中爲石斗門潴而成湖因名百雲又從城竇内循溪舊蹟令民各對産疏其淤塞水始得駛流而達於河爲邑治巽流云由是南則百樓坤象西則蘭芎龍松諸山谿之水交注於河其源漸長而其派漸廣矣乃若郭外西則蒲灣河源接東西溪地勢稍高北作堰東則南新河源接百雲湖達於潮河又稍低北亦作堰雖其流與運河隔總之夾輔城濠而助其勢者也夫是運河通舟航漑田畝防火患資祓濯固已不當乾枯而邑治在兹又地脈之所藉

以環廻而通貫者今其水從東西釣橋而遶於北門外以抱縣治爲一合水又從東西黃浦而遶出北之任家滙以抱縣治爲二合水則城中玉帶溪青龍溝等淪漣瀠洄縱橫旋繞於南北坊巷之間始折而東大會於東明湖以達姚江以故吾虞號稱山明水秀而人文丕振輝映後先毓秀鍾靈職此之故特水勢直趨於東嫌於傾瀉故楊公紹芳建奎文閣以障之朱公維藩鎖以浮橋捍以浮圖皆爲風氣設也但郭外雖深廣如故而内多淺窄沿河而壓者既久不浚治而又以瓦礫雜委其中故旱時每決湖水城中受溉獨細沙湖自西黃浦遶至東門外乃稍稍倒映而上西溪湖則必從西溪二涇出自非官爲督治每被截流阜李湖則其民言曹黎二姓所置決多不及時若百雲湖非雨大集不能浸灌矣抑又有弊如蟻穴然舊通明壩南有百丈塘其下爲埭河旱則夾埭河而田者穴塘以竊水東城下新河北有壩夾河而田者穴壩以竊水奎文閣之後有洲洲上有田緣河之田甚低皆堰邊居民所佃每澇禾輒没則多啟閘板以泄水夫穴堰久則河爲漏巵啟閘多則河爲

建瓴皆耗蠹之弊也而百丈塘關係尤鉅塘南隸河高下相去數丈兩河止隔一小隄風波衝激其土易隳一決則運河之水直奔而東不惟上河涸如焦釜而下流尤被害霖雨夾旬更宜督附近居民時加防捍而又培各湖塘以潴其源疏玉帶溪以通其流復則水牌以測其勢虞邑運河當永永無旱涸之憂矣惟在位者實圖利之

巽水河在縣治東南自上舍嶺溪逕百雲湖流入城內運河兩岸皆民房水閣兵燹後瓦礫填塞同治九年知縣余庭訓命工挑濬漸復積淤光緒十一年邑紳王濟清捐貲疏濬知縣王承煦立碑永禁堆塞十七年知縣唐煦春以巽水河關一邑文風定每年水小時歸積善堂

董疏濬新纂

後新河在縣北明永樂九年鄞人鄭度以通明江七里灘阻塞不便上言將縣後舊溝開濬置西黄浦橋直抵鄭監山堰置新通明壩又開十八里河自新通明直抵江口壩官民船皆由之嘉靖三年令楊紹芳拆西黄浦橋作凳橋舟復由城中行自東黄浦抵新通明志萬歷後因澇水難洩民苦之仍復西黄浦橋志嘉慶乾隆間知縣施繩武患運河後新河淺狹旱澇無備集紳耆命兩河南北種植之民開浚之南北與河最近者各出其半次近

者又分其半之半有差自外梁湖至十八里河長四十里廣二丈五尺深五尺嘉慶志名宦傳

省河在縣東五里舊通明壩下卽所謂潮河也東流過謝家橋至四明港口長十里所以殺運河之水下流爲通明江新纂　案萬歷志通明江下云在縣東一十里從省河下注卽七里灘也省河下云長十里至安家渡入江查安家渡距縣東二十里許在七里灘下通明江卽七里灘則省河入江不待至安家渡明甚舊誤今正

南新河在縣東南長三百餘丈內有橫壩一帶灌田九頃居民割田爲之萬歷志　河在東城外凡遇大旱橫壩以下

資灌田禾橫壩以上資城鄉汲飲居民呈縣立碑永禁捕魚及縱放鵞鶩備稿近時沿河私墾甚多急宜剗復新纂

城外濠河自西釣橋經北門橋出東釣橋首尾皆通運河備稿同治九年知縣余庭訓以濠河之水流斷縣後龍脈將挑濬城河瓦屑填塞久敬橋至今布縠嶺下中間不通新纂

新開通水河在外梁湖六項塘外通曹娥江潮水濟運河國朝道光十九年邑人章鉞等建議署縣令龍澤澔詳請開置章鉞錢玫請開通水河稟詞竊照虞邑運河東接新舊通明壩西距外梁湖壩橫亘四十

里源出百樓象坤諸山由溪澗會注源流既短河又淺狹旱則立涸是以歷朝賢有司遞引沙湖西溪阜李百雲四湖之水以通舟楫以資灌溉誠良法也無如日久廢弛湖之涸者涸矣佔者佔矣即百樓象坤諸澗又被棚民開墾沙磧壅塞浥注更稀不旱亦涸考運河原係江故道梁湖置壩以來沖決時有移置不常前明嘉靖間江潮西徙漲沙七里邑侯鄭公開浚爲河移壩江邊今河淤尚在而壩無形迹鄉民於外梁湖築有六項塘高不過數尺長不及十丈屢遭沖嚙全賴裏梁湖蘭芎山麓之沙湖塘塘長三里高廣鞏固又造無量閘通運河以資捍禦誠虞西保障也欲設一法以爲塘之外衞與河爲內應者莫如就鄭公開河故道一律開浚擇堅實處所造建平閘引江水入運河嘉慶間前任陳道憲李邑侯曾經履勘原擬建閘通江先後以陞任去事不果行今逢憲天大人榮蒞浙東廑念水利謹就管見所及臚列瀆陳伏查開河建閘工鉅費繁宜何如設施之處惟有仰懇札飭履勘明確因地制宜諮詢父老勸諭紳富踴躍輸將妥議章程詳請辦理玫等爲一邑公事

攸關未敢擅便上稟王振綱詩舊塘築六項命名非無著世事更滄桑車路已開鑿潮來捲淤泥河淺水易涸意欲便農商舟楫轉延閣砥柱之艮謀改弦復相度且築塘外塘宜厚不宜薄扼要塞咽喉橫截江濤惡有時需灌溉萬夫聽一諾事過修隄防畚揭仍偕作不狥估客私不受官差縛啓閉定章程同心合強弱歲裕須百金經費貴籌畫總爲蒼生謀相約傾囊橐初建閘啟閉旋即沙漲閘壞咸豐二年里紳王振綱等改築泥壩俗呼外橫塘凡遇運河乾涸農田缺水商同沙湖塘董事稟縣開放逢雨即須築復以防水患備稿

十八里河在縣東十里新通明堰下直抵餘姚壩十八里故名世傳宋史彌遠創置萬歷志謂明永樂間鄞人鄭

度開浚有辦詳新通明堰河身淺窄資大小查湖分潤自大查湖廢爲田河更易涸道光五年知縣周鏞令居民按田出丁疏浚監生陳國柱等董其役備稿近復河岸傾積泥淤礙舟光緒十六年知縣唐煦春撥工賑義欵開浚自新通明堰至上木橋凡濬河七百三十丈用錢一千餘緡邑紳朱士黻董其役又新通明下有支河九名曰埭河引十八里河之水以灌溉民田者也管唐埭俞家埭下葛埭唐家埭丁家埭黃家埭章家埭傅家埭甘家埭其南俱通潮河有壩霪而黃家埭受潮河之水最多旱則啟壩霪引潮水而入於十八里

河大爲民利若各埭壩霪不固十八里河之水傾瀉湖河亦可涓滴無存最關緊要九埭外復有小灣埭在下木橋之旁南與潮河不通虞地以甘家埭爲界下即姚邑雲樓鄉凡水之入十八里河者其源皆出北岸水口每與南埭相對新通明堰下里許梁鳳溝水口對管唐埭又二里四汊港水口對俞家埭又一里大查湖石湫頭水口對下葛埭又里許大查湖夏家湖霪水口對唐家埭又三里餘大查湖大姚山下湖霪水口對黃家埭又里許大查湖七板橋水口對章家埭今塞又里半小查湖鋪橋水口對傅家埭今築斷又三里小查湖大湖門水口對甘家埭新纂

五夫河在縣北三十五里源出夏蓋湖曰驛亭堰凡三十里東流入餘姚縣之菁江嘉泰會稽志在縣東三十五里按作

縣東非是納夏蓋白馬上妃湖水東達餘姚縣橫河而注於江萬歷志

百官河在縣西北四十里由夏蓋湖直抵第七都界萬歷志接龍山以下諸溪之水以入街河至下市分爲二流東由文昌閣出穰草堰達弓家路佛跡山爲甯紹往來通衢西由教場橋至新建前江爲崧鎮抵七都之通潞道光七八年間周令鏞興復水利率農民對產派掘并伐河干雜木以便行舟光緒十一年邑紳王琖等稟署知縣王承煦詳請撫院劉飭統領馬朝選帶兵疏掘自街

河至弓家路止光緒九年十三年知縣唐煦春修治百官以下河道會同邑紳谷南林等先後籌議以承蔭之田按畝輸捐凡前江後郭新建梁家山弓家路南湖裏外嚴等處總計正港支流二萬二千餘丈一律開浚新纂

案百官迤西至七八兩都接毗會邑延德鄉河流淺窄咸豐間於江塘挪造石霪引潮水濟禾更致沙淤同治三年邑人錢振聲等稟縣派段分掘由百官港至會界西滙背首尾六十里光緒九年十三年知縣唐煦春復率邑紳朱孔陽邵煜等疏濬瀝海所一帶前中後三河自會邑牛角心至虞界潭村蔣家等處約五十餘里蓋虞西地高河流易涸疏其淤淺亦所以緩其傾瀉也

崧鎮河在縣西七十里西至瀝海所濱江東至小穴堰四

都界北抵陳倉堰姚境年久淤淺光緒十三年邑紳連芳連蘅捐貲疏濬新纂

蒿壩河在縣西南四十里南至饅頭山北至蒿壁山均可直達大江後江沙西漲河身泥淤潮至不通變爲平地凡六百七十餘丈紳耆籌議僉謂通盤開掘非二丈餘深不能蓄水非河面五丈餘廣不能運舟統領馬朝選同曹蒿委員葉倅元芳親勘繪圖稟呈撫院光緒十二年正月奉撫院劉批俟百官河工告竣帶隊前往開浚并限四月完工新纂

右河之屬

大查湖查府志作楂餘姚志作樝皆通俗作渣誤在縣東一都受蘿巖諸澗之水周九里三十六步溉田十五頃萬歷志互見山川　湖水瀦蓄本爲十八里河之源至國朝乾隆十一年廢湖爲田丈量陞科而水源遂竭沿十八里河之民始苦旱矣新纂

小查湖在一都與大查湖連周七里溉田十六頃光緒十七年新測小查湖從大閘頭起經夾塘至後溪衖口第一橋止共一千五百丈合作八里三分零東與餘姚雲樓鄉接境當元末時居民漸塡爲田周茂訴之部使者劾復之然兩湖之要害惟在夾塘明成化初縣令吉

惠大爲修葺廣博堅厚利賴迄百餘年後漸圯民苦匆歲嘉靖庚申丞蕭與成奉分憲張可述檄乃督率而增修之副憲姚翔鳳有記記曰虞二十里有大小兩查湖水而界在姚境西亢東傾澤流偏注非所蔭而旁及者尚多湖南之隄長七八里爲竇者四爲閘者二以時啟閉而導其流於河河自通明距江口壩長一十八里爲越明運道支分港瀆一十三處遞南一帶俯臨大江有九埭以過水埭各有竇浮塗陡崖孤處善崩江潮奔嚙鎛漏失塡旋至大潰懸溜直瀉如沃焦釜罔遺涓滴一埭竭則諸埭瓶罄而河亦成陸農旋告病則必取給於兩湖之水苟平時有瀦庶幾恃以無恐如其無備束手待斃矣兩湖雖聯而高低迥絕橫中一塘實其兩界長亘一百五十丈有奇俗呼所謂中夾塘是也是塘或斷則上流倒瀉勢若建瓴奔騰奮激下湖畔岸并爲衝決而亦不能瀦天順丙子之災湖底龜坼四野絕粒至今

恫焉蓋兩湖要害全在夾塘予故曰兩湖者一方之命脈九埭爲襟喉而夾塘其關鍵也欲濟兩湖須防九埭其於夾塘尤爲宜防以時培葺可也成化初縣令吉侯惠曾一大修趾闊五丈面縮三丈高一丈餘崇博堅厚民賴攸墍百餘年未聞有繼之者歲時剝削陵夷至今非復故址霖雨暴漲風濤震撼岌岌乎東葺藁以壅蔽患處苟延旦夕歲以爲常民甚苦之庚申歲鄉大夫侍御周公如斗以制家食軫念桑梓乃具議於分憲張公可述檄下判府林君仰成曰事關澤虞爾有專職其速舉以報林君曰地分兩界誰能兼之委任責成其二丞乎乃以于港橫塘石湫等處隸姚者屬之江侯東鳴而其重且難者則吾虞蕭侯獨當之侯奉命惟虔惟不克其事以仰答上意是懼單車信邁徧歷其地相視形便次第經營履畝以差夫計程以授役量日以命工乃埤九埭載闔其壁壘竇截江以塞病源乃協南隄亦壘於昔惟竇惟閘毋俾旁隙而卒乃率力於塘中令糾衆大舉合作乃捄陾陾乃度薨薨乃築登登乃屢馮馮起頹補缺平陷實壑增廣一丈高三尺以復基之舊樁杙編

棘以爲之衞樹之柳以護之周思豫制堅惟圖可久斯已矣經始於秋九月三閱月而告竣事塘成未幾會今歲大澇兩湖底定而水無泛溢然後知一塘之爲力也予始號於衆曰觀河洛而思禹功有所歸也屹哉斯塘吾儕其將有賴乎今茲試矣伊誰之功微蕭侯賢勞任事欽上飭下貞固以幹則亦仍前之弊而已其何能底績若是哉春秋工役必書以示勸懲乃因鄉老周輪等立石道旁具書其實使後之觀者有朗鑒焉　萬歷志

國朝雍正七年章倫墾田楊金錄等呈阻之十一年陳元亮墾田胡一豪等呈阻之十三年李宏遠墾田周會等呈阻之乾隆十四年姚名立墾田楊武等呈阻之二十年陳祖勳墾田周遇泰等呈阻之三十三年陳堯臣墾田周沛祥等呈阻之四十六年唐漢協墾田姚八

陳承稽邑諸生劉規呈復之嘉慶志　光緒十年姚人楊棠等謀奪湖蔭知縣唐煦春移會姚邑並諭令沿湖居民各照舊章冬築秋放不得存私混爭如有塘閘坍漏趕緊修理完固以衛田疇新纂互見山川

竹衖湖在一都蘿巖山下新通明河旁一名瓦窰湖一名竹湖潭計二畝七分萬歷志　餘詳竹湖潭

破岡湖在縣北二十五里嘉泰會稽志　在一都吳時望氣者鑿斷其山岡故名湖在岡坂之下舊志西受孔堰閘北合驛亭河水入長壩萬歷志　備稿案湖在二都其北岸係三都界舊志誤作一都湖邊田易

遭淹没故諺曰二都破岡坂一夜大雨便無飯

白馬湖在二都夏蓋之南環系二三十都創自東漢周四十五里八步三面皆壁立大山三十六澗水悉會於湖中有三山癸巳山羊山月山旁有溝閘溉永豐鄉田四十餘頃水經注云白馬潭深無底創始時塘隄屢坍民以白馬祭之夏侯曾先地志舊名漁浦湖晉縣令周鵬舉嘗乘白馬入湖中不出人以爲地仙由此得名事見遺德廟碑記宋政和初有嬖臣廢湖爲田時執政疏復之入元豪黠競佃而湖遂廢至正十九年尹韓諫移書池州路

稅務使徐煥文領其事除元科田數而餘盡復爲湖張

守正有記

記曰白馬湖距上虞縣治西北半舍所三面環大山復谷周四十五里受澗三十六而瀦其中其地則當邑之二都良田接畛縈青繚白嘉穀屢登寶有藉於湖之力也方春潦暴漲或不能容則淫溢奔放窪下罹害唐長慶中民始闢夏蓋湖以疏其勢限以隄防節以堰埭視盈涸時啟閉沾溉永豐上虞新興甯遠孝義五鄉水利之興有由然矣循白馬東北別築橫塘通一溝以達灌注去溝數百步作孔堰以蓄洩宋政和初嬖臣晴利嘗廢爲田時執政疏於朝力請復之事具史典及碑志入國朝以來民有獻言於營田使以瀕湖多高仰沃饒願湮爲田既如其請則豪黠競佃各私其有日增月廣滋蔓莫禁湖之存僅一綫旱則獨專其利潦則決以病民爲害莫甚至正十九年冬安陽韓侯諫來尹茲邑勵心民事考覈田賦以白馬之田廣俠莫稽賦入之數多寡不一將究正之會軍旅搶攘日不暇給乃致書前池州路稅務副使徐煥文領其事徐君

遂即其形勢相其源委躬驗虛實得元佃田九百九十九畝一角一十四步計丈數以從其實畝賦二斗二升一合五勺得糧二百二十石三斗四升六合七勺當元科之數其他舊侵田悉復爲湖既而以地方田形第十下爲號繪列爲圖仍以畝步糧數承佃姓名具載爲籍每段置由一紙俾執左券更築新塘以限内外凡三百一十八丈六尺高尋又四尺廣如高之數浚其下爲港以便舟楫橋其上爲道以通往來孔堰舊築以土隨修輒隳慮弗經久議改爲之遂累石爲閘俾沾漑之家畝出斗粟饒於田者沈仲實出内之灰石工匠之需不敷者願樂補助屬耆艾何文惠以董其役他凡溝港近接山溪沙礫壅滯歲久且窒君悉俾疏濬之由是白馬湖水灌沃利澤遠及矣余惟自井地溝澮之法廢凡陂塘川澤麗於九州者天地自然之利也然能疏導瀦洩以順其潤下之性因民之所利而利之長民之責也韓侯視政有古循良之風而徐君復能夙夜注心不憚勞勤於是經界既正糧石以均功成於一時而惠流於永久可無紀述以垂無窮乎故爲序次俶末刻諸堅珉俾來

者有稽焉時至正二十一年也及明則居民屢廢屢復佔者滋起縣令徐待聘與夏蓋湖合議剗復而事未果萬歷志互見山川

上妃湖在十都夏蓋湖南白馬湖西亦創於東漢周三十五里中有三山弓家山印綠山佛蹟山旁有穰草堰水經謂之上陂令名上妃蓋相傳之訛也其形勢與白馬畧同唐地理志上虞西北有任嶼湖嘉泰會稽志載謝陂湖去縣西北三十五里又有皮湖去縣西北三十里舊志云皆上妃別名未詳萬歷志元末亦稍爲豪民所侵明萬歷十年丈出爲田者五百五畝剗之不克縣令朱維藩方復

西溪湖乃相度形勢以抵西溪湖之陞科而無田者備稿

國朝王琎上妃白馬兩湖論或問於無名子曰上妃白馬兩湖自東漢以來滙爲巨浸農田上腴蒲魚之利日出不窮今者四望平疇支流如綫其淺者不能容一舟雖有深窪處所亦如焦釜之底僅有一勺之存農田告病其咎安在豈地利有變遷抑人事有未善與無名子曰此未可以懸擬而臆斷也試與子登高而望觀兩湖之形勢近山皆仰遠山者窪自高趨下勢甚順也下流不塞上流之涸可立俟也故上妃一湖以下壅橋爲尾閭下壅有閘而後上妃之水淹涵停蓄俟其旣盈乃溢出於百官之穰草堰以注夏蓋白馬一湖以孔家堰爲委輸孔堰有閘而後白馬之水淹涵停蓄俟其旣盈乃溢出於驛亭之石堰以注夏蓋是以潦則無淹沒之虞旱則無焦枯之患自兩處無閘而兩湖之水一瀉且盡而湖變爲田矣故湖之存不存於湖而存於湖之有閘湖之廢不廢於湖而廢於湖之無閘或曰如子之說復閘以復湖於利何如無名子曰子言誠然然未可以

倉猝議也昔日之湖無陞科之田其有田者奸民之私墾今日之田皆升科之湖其無湖者良民之永業歷年既遠民間輾轉售賣近水之田其價必倍今欲修復兩閘使新升之田瀦而湖之非惟國賦有關亦於民情不順故昔之保湖者以有閘爲大利今之保田者以有閘爲大害昔以無閘而湖盡爲田今以有田而湖且不得復爲閘反覆相循非一朝一夕之故也或曰然則爲今之計於子何如無名子曰上策既廢而求之下策雖有智者不能善其後也雖然不可以坐視而不一救也今日之事莫若深浚溝港至三四尺或四五尺剷其無課私墾於下𨻶孔堰兩處建爲閘堰酌量水勢高下較舊減低一二尺時其啟閉嚴禁偷放偷挖使近山高仰之田得以自潤而低窪新升之田亦不至遽遭淹沒雖非萬全之策或亦救㡀之一術也或既退因書而藏之

夏蓋湖在縣西北四十里北枕大海海岸有夏蓋山湖亘其南環三四五六九十等都唐長慶中永豐上虞甯遠

新興孝義五鄉之民割己田爲之周一百五里瀦白馬上妃二湖之水以防旱地勢東低而西高中有一潭名臯鏡九墩楓樹墩匾墩周師墩長墩黄蟲墩白牛墩馬墩楝樹墩西晒墩十二山梁家山柴家山刺山鯉魚山董家山洋山土長山石竹山荷葉山梨山馮家山甑箅山旁列三十六溝其溝在湖東者一十八所自驛亭至菘山曰經仲溝蔭二都六保三都曰驛亭堰曰賞家陡門蔭二都鎮都三保曰朱家窪曰小穴堰曰孔涇溝曰河清溝俱三都曰干山溝蔭三都三保四保曰柯山溝曰徐少溝一名遐溝曰十八保陡門四都橫山前曰曹稽溝一名陸家溝明洪武間陸仕初創曰杜兼溝曰李長官溝四都橫山後曰

茹謙溝曰方村溝一名濶河口曰屠涇溝曰張令溝五都蓋山東

其溝在湖西者一十八所自穰草堰一名仰草堰至蓋山曰百官溝曰九步溝曰新建溝曰捍江溝又名鹹塘頭曰柯莊溝即前江壽生橋曰炭堰俱十都曰花澤溝曰茭封堰曰蘇州涇曰短涇曰沈涇曰薛涇薛一作雪曰桃涇桃一作陶俱九都曰丁瀆曰桑家陡門俱六都曰徐家涇一作徐艮涇曰謝逸溝曰西磋溝五都蓋山西由諸溝引灌五鄉田一十三萬餘畝湖計七千一百五十有三丈東二千五百七十丈夏蓋山頭東平至篔浦坊前五百丈茹謙三保管篔浦坊前至茹謙溝三

百六十丈常遠鄉管茹謙溝至柯山溝一千三百五十五丈永豐鄉管柯山溝至福祈山一百三十五丈福祈山北連蔣家山南並以山脚爲界蔣家山南至王家山北係小穴塘五十丈王家山南至牛頭山北八十丈牛頭山北至山南並以山腳爲界牛頭山南至驛亭經仲溝九十丈俱屬上虞鄉分管西四千五百八十三丈穰草堰至新建堰四百九十丈上虞鄉管新建堰至葉珙門前一千五百五十丈孝義鄉管葉珙門前至菱封堰一千九十五丈新興鄉管菱封堰至薛涇六百九十丈孝義鄉管薛涇至夏蓋山頭西規一千二百

五十八丈西規至東平係夏蓋寺連山隔斷並以山腳爲界俱甯遠鄉管凡隄防之制趾廣二丈五尺上廣一丈高如上廣之數每塘一丈間植榆柳一株如遇坍塌隨即修理蓋虞之水利惟上妃白馬夏蓋爲最鉅故其制亦視他湖爲最詳也宋熙甯中縣尉張漸水利本末作孫漸是廢爲田元祐四年吏部郎中章粢奏復之章粢奏疏前在越州伏見本州上虞縣夏蓋湖本以瀦滀山水灌溉民田爲利甚溥自熙甯年中縣尉孫漸建議乞立租課許人請佃爲田自降指揮今十五年餘人戶請佃陰取厚利爭訟不絕而租課所入至微虧欠省稅甚多乞廢罷爲田復正爲湖轉運司詣勘上虞縣夏蓋湖因熙甯六年朝旨召人請佃爲田旱則資水之田無以灌溉澇則湖勢窄狹不足以貯

水隄防決溢並湖之田悉遭衝注爲害尤甚自熙甯六年至元祐二年計一十五年所收租課除檢放及見欠外實得租課米七千一百三十餘石却廢湖爲田後水旱爲害檢放過省稅比未廢湖以前一十五年所收租課計虧省稅四萬八千餘石今來章楶奏請乞復正爲湖瀦水灌溉民田委得經久允當八月十七日奉旨復正爲湖元祐五年十二月初一日知縣事余彥明主簿何琢縣尉游充邑民湯機等立石

政和中明越二守樓异王仲嶷又廢爲田建炎四年給事中山陰傅崧卿守鄉郡餘姚陳槖上書陳利便書曰古人設湖陂以備旱歲王仲嶷建請以爲田乃引鑑湖自然淤淀已成田陸爲說又有不妨民間水利之語其欺罔甚矣然佃戶帖請之初各有畝數不敢侵冒當時湖之爲田者纔十二三佃戶止於高仰處作捺未敢涸湖以自便民田尚被其利但瀦水不如曩日之多故諸鄉之田歲歲有旱處比年以來冒佔不已今則湖盡爲田矣上虞餘姚所管陂湖

三十餘所而夏蓋湖最大周圍一百五里自來蔭注上虞縣新興等五鄉及餘姚縣蘭風鄉此六鄉皆瀕海土平而水易洩田以計畝無慮數十萬惟藉一湖灌漑之利今既涸之爲田若雨不時降則拱手以視禾稼之焦枯耳其他諸湖所灌注皆不下數百頃在餘姚若汝仇牟山燭溪上林餘支千金漁浦黃山樂安等湖所灌田動以數百頃植利人戶倚以爲命而乃盡奪之一遇旱暵非惟赤子饑餓僵踣道路而計司常賦虧欠尤多雖盡得湖田租課十不補其三四又況每遇旱歲湖田亦隨例申訴官中檢放與民田等昨見上虞丞言曾蒙上司差委相度湖田利害因點對靖康元年建炎元年湖田租課除檢放外兩年共納五千四百餘石而民田緣失陂湖之利無處不旱兩年計檢放秋米二萬二千五百餘石只上虞一縣如此以此論之其得失豈不較然民間所損又可見矣但當時以湖田租課歸御前與省計自分兩家雖得湖田百斛而民賦虧萬斛嬖倖之臣猶將曰此百斛者御前所得也不創湖田何以有此省計虧羡我何知哉今湖田租課既充經費則漕臺郡守

固當計其得失之多寡而辨其利害夫公上之於民一體也有損於公有益於民猶當爲之況公私俱受其害可不思所以革之耶㚃見建炎二年春邑民常訴湖田之害於撫諭使者使者下其狀於州縣上虞令陳休錫遂悉罷境內之湖田翟帥以未得朝廷指揮數牽之陳不爲變是歲越境大旱如諸暨新嵊赤地數百里農夫無事於銍艾獨上虞大熟餘姚次之其冬新嵊之民糴於上虞餘姚者屬路不絕向使陳令行之不果則邑民救死不暇況他境乎夫以一縣令尚能爲之㚃之所望於左右宜何如　陳㚃餘姚人登政和上舍第歷官監察御史擢刑部侍郎知婺州

紹興二年縣令趙不搖言於朝吏部侍郎李光力奏之其略曰一方利害無甚於湖乞比較與湖爲田以來所失常賦孰多孰少乞復爲湖得旨俾知越州張守具經久利害以聞守上言本府邊近大海田帶鹹鹵稍無雨水則苗稼便傷自有湖水灌溉頻年豐熟政和間知越州王仲嶷奏請以湖爲田專爲應奉之用遂使民田頻遭損傷官中雖得些少

租課而緣此檢放苗米甚多民間爲害尤廣今相度到上虞夏蓋等湖一十三處見今改爲田計一百三十一頃二十四畝餘姚汝仇等湖一十三處見今改爲田計八十一頃四十九畝建炎四年上虞收湖田米三千四百四十九石檢放過旱傷苗米八千五百一十八石餘姚收湖田米二千四百四十四石檢放過旱傷苗米二千五百二十三石紹興元年上虞收湖田米三千五百二十五石檢放過旱傷苗米四千八十八石餘姚收湖田米二千一百七十一石檢放過旱傷苗米六百八十七石兼此兩年號爲豐熟其減收之數以所收補折外官中暗失米計四千二百三十六石民間所失當復數倍觀此則變湖爲田誠爲極弊如將上虞餘姚湖田仍復爲湖委是便利　通鑑長編紹興元年辛亥冬十二月丁卯吏部侍郎李光請復東南諸郡湖田詔戶工部取會聞奏初明越州鑑湖白馬竹溪廣德等十三湖自唐長慶中創立湖水高於田田又高於海旱澇則遞相輸放其利甚溥自宣政間樓异守明王仲嶷守越皆内交權臣專事應奉於是悉廢二郡陂湖以爲田其租米

悉入御前民失水利而官失省稅不可勝計光奏請復之而上虞令趙不搖以便遂廢餘姚上虞二縣湖田乃得復爲湖民有復湖謠謠曰壞我陂王仲嶷奪我食使我饑天高高無所知復陂誰南渡時左朝請郎方元若撰記立石於府治西壁記曰上即位六年江浙初定河淮未通臨朝弗怡覗古有愧凡有害未寧於民及所祈嚮而不可得者皆廢行之乃以五月己巳詔罷上虞餘姚湖田復民願也夫會稽郡負海田嘗苦涸資湖以灌溉非他郡可比自東漢以來莫敢廢也政和間逐末之說起變古之辭用平波汪洋漫不少靳分散四決競弛厥功由初迄今良農受弊穆穆布列有號不知資政殿學士毘陵張公守帥浙東詔公以利害聞公遂條上湖田病民兩邑爲最宜亟罷之詔可闔境之衆讙呼鼓舞謂上恩勤恤不以賦入患百姓而非公精誠爲人主倚信亦安能以一語而除萬世之害神速若此昔白公穿渠民得其饒歌之曰田於何所池陽谷口鄭谷在前白渠起後舉鍤如雲決渠爲雨衣食京師

億萬之口翟方進去陂枯旱追怨童謠曰壞陂誰翟子威飯我豆食羹芋魁反乎覆陂當復誰云者兩黃鵠由是觀之湖之興廢利害豈不大相遠哉公旣成露門之學入覲戒期猶拳拳不已命僚屬以所被明詔刻諸石而俾元若書其後詩曰德輶如毛民鮮能舉之我儀圖之後之君子必有感於斯言以無忘公之志紹興二年七月庚申左朝請郎主管臨安府洞霄宮方元若記　淳熙十二年邑人夏邦直於蓋山之陽小穴之陰立二水門潭州左司理參軍厲居正撰記文載水利本末此不錄　嘉熙元年或獻於福王府邑民張康等爭之得免監潭州陳謙有記記曰嘉熙丁酉濱湖民徐文才託之王府欲湮湖為田鄉之士民張康等具詞赴皇弟武康軍節度使陳訴曰夏蓋湖雖周圍甚廣而水源悉出上妃白馬二湖今來徐文才輒以上妃白馬為漁浦湖打開湖閘泄放湖水竊恐府第一時被其朦蔽未必深知利害

乞移文照會使民戶永被隆天厚地之賜奉鈞判湮湖爲田既非舊迹妨人利己亦非本心府司給榜仍牒縣約東士民爲立石於湖東之長慶寺以記其事記曰切惟上虞之爲邑其西北濱海每患於水洩而多旱由古以來有三湖瀦水爲旱歲之備曰夏蓋白馬上妃是也古人憂深慮遠其規模經遠委曲周密靡一不盡既爲之隄以防其滲漏又爲之閘以時其啟閉凡受水之處各爲堰埭限其所往以杜其爭東西二鄉擇士之有常產有幹畧爲鄉評所服者各一人以司之而總其事於邑之上佐其鄉有七田以畝計者殆於二十萬若歲大旱苟積水存焉磨鐮治地以俟其穫必無他慮也民生之休戚關於水利之得失其重若此嘉熙丁酉濱湖之民有欲湮湖爲田而託之王府者鄉之士民相顧無策自念與其默闇而窘懼孰若冒昧而歸投擇日齋沐連名奏記控叙懇惻而皇弟武康軍節度使洞燭事情曾未踰時大筆特筆謂利己妨人非出本心且移文於邑揭榜於鄉雷動風馳雲行雨施讙聲四起有若更生仰惟深恩厚德無所論報謹刊樂石昭示後來繼自今一

方士民孫曾雲來過斯碑之下徘徊顧瞻懷思感慨將與此湖爲終始有若峴首之思羊公云是歲五月初吉儒林郎監潭州南嶽廟陳謙記　元元貞間或言之營田使者湖復湮　萬歷府志傍湖之民輒於高處塡爲田至數十畝　元統間餘姚州人王寶爭蘭風鄉水利邑民顧仁等力控之浙江行省劉官屬親勘云　畧據顧仁等告該省府相度民命所係稼穡爲本歲旱之防瀦滀當先水勢之行必須自近及遠由高就低其或近疆未溥而遽分遠境高田未足而先注低原則爲此受其害而彼亦無益仰親詣地所斟酌事宜從公予決至正十二年縣尹林希元定墾田數餘悉爲湖十六年旱又有乘間竊種者尹李睿復之幾盡十七年建南臺於越兵皆田於湖湖廢而涸賴御史察知禁止十八年

或又獻於長鎗軍尹韓諫言於督軍郎中劉仁本獲寢戸部尚書貢師泰爲之記　記曰上虞西北五鄉曰永豐上虞新興甯遠孝義五鄉有三湖曰上妃白馬夏蓋而夏蓋實承其委其周一百五里其門三十有六其漑一十三萬畝其賦一萬石有奇中有潭名鏡潭雖大旱不竭而其支流餘潤又足以被會稽之延德餘姚蘭風一都三保之境其爲利亦溥哉湖自唐長慶中民始請割田爲之仍令受水者包其所輸至今五鄉倍他產然其地勢倚江枕海鹹鹵浸淫傷敗禾稼東南又多大山深谷一遇暴漲則奔潰莫禦旱則枯涸可待故其隄防啟閉之法視二湖爲尤謹疊堰分埭以時蓄洩限量晷刻以節多寡序次先後以均遠近而免凶荒捐瘠之憂無侵奪紛爭之訟宋政和初越守王仲嶷嘗廢湖爲田得不償廢南渡後吏部侍郎李光縣令趙不摇疏於朝盡復爲湖嘉熙丁酉幾奪於福邸五鄉民張康等鬭詞爭之乃已始末具見碑志及通鑑長編國家内附以來屬時屢豐水利不講居民乃竊

緣隄高仰以私播植元貞閒或言之營田使者得田二十頃粟五百石然自是蔓延莫禁湖之存無幾至正十二年翰林應奉林希元來爲尹遂定其畍數餘悉爲湖十六年夏旱豪民乘閒竊種其禁復弛縣令李睿力復湖之明年春行御史臺移治會稽駐兵縣境或妄謂湖膏腴可屯田典兵者忽於察識一旦竭如焦釜所得僅百許石而官民失利不可勝計御史察知其弊俾常賦於官者田如初他皆論罷明年又有獻之長鎗軍者縣尹韓自行言於分省時左右司郎中劉仁本督軍至縣遂阻止之於是積水盈溢惠及遠近而湖之利益溥矣又明年父老乃相率謀於邑士徐煥文魏壽延曰湖食我民生死倚之不有紀述將何以示來者具以狀請竊惟溝洫澮川之制廢陂湖池塘之利興而孫叔敖史起鄭國召信臣之流各以治能名於時其載之史傳者班班可見迨我國家內設都水監外立庸田司郡縣守令皆知河防兼渠堰凡所以爲生民計者靡不周密而深遠矣尙何弗修厥職往往使已成之業湮廢崩潰哉且是湖也旱則決水以灌田澇則導水以入江用力寡而成

功多與諸湖較實相倍蓰故不敢重違父老之請而叙次其故用刻諸石豈徒爲豪强奸貪之警庶幾長民者知所勸焉中順大夫戸部尙書貢師泰記立石横塘廟左種善堂徐勉之碑陰圖跋古者山川疆域必有志有圖志以記其事圖以著其形有志則始末備而興廢可知有圖則脈絡明而利害易見夏蓋上妃白馬三湖之灌溉重於上虞久矣自唐宋以及我朝興而廢廢而興不知其幾賴公論卒爲湖不易徐君季章魏君仲遠謀爲永久計請計於向書宣城貢公而刻諸石既又圖三湖之形刻於碑陰以示遠近其用心亦仁矣哉予嘗病會稽郡志不著圖觀者難於考索今是湖也源委之承注流派之沾被門閘堰壩溝涇隄路按而索之炳炳臚列雖農夫過客觀摩指畫亦不待言問而諭於心目之間湖之爲利昭然而益彰矣湖之利益彰豈復可得而廢乎吁是碑之立百世之賴也學者陳倩以圖示予因題於後云至正二十年二月戊午朔鄉貢進士杭州路海寧州儒學教授番易徐勉之跋并書

明初旁縣無賴盜決海防鹹水乘

潮而入稼受害洪武六年冬臨淮唐鐸自殿中侍御史出守會稽躬行海上復古隄仍爲二閘而湖水瀦以溉田者如故令府學教授王儼作記

記曰越屬邑上虞去邑東北四十里有湖曰夏蓋周圍一百里有奇相傳邑人捐田瀦水灌其五鄉之田鄰壤餘姚蘭風之田均賴以灌郡志所謂夏蓋湖一百五里蔭注上虞縣新興等五鄉及餘姚蘭風鄉是也昔人作渠引水俱有定規歷世既遠或廢湖爲田或復田爲湖變置不一舊規堙廢虞邑之人曰湖水我土地所有於姚江乎何與故吝而弗與姚江之人則曰水宜通利無往不達豈虞人所可專故爭而不解自其情而論之虞邑之地高姚邑之地下水誠一洩勢若建瓴虞邑將有旱暵之菑於茲水不得不斳蘭風他無所瀦不得是水其田亦不能有成於茲水不得不爭向自前宋以訖於元訟無已時二邑之人既各嗜所欲而不通彼我之情長二邑者又往往各私其民而不能平此

湖之訟此其爭之所以弗息也既版圖歸化姚江民胡炫輩白其事憲府憲府檄郡守唐公鐸考其實相其宜以均其利於是移判府吳公敬親詣湖所會二邑之長與其耆老考索往誌尋求故跡咨詢輿論僉謂蘭風一都田爲茹謙七九十堡並與上虞接境素藉兹湖之水炫輩所言四五堡田爲畝者六千亦宜蔭以兹水餘皆去湖遼遠勢不相及彼有堰名陳倉攝於二邑之間作閘其上通水以引蘭風之田甃之以石閘之以版錮之以鎖戒近民守之而上鑰於郡遇亢陽二邑同給鑰詣陳倉集乃父老啟閉疏水適可而亟鎖之郎上鑰焉庶杜過求之私遏相爭之患議定辭協於一郡守盡召其民集於庭親諭之者三言允情協乃復於憲府命二邑與作渠已而渠成且期不變正統時豪民復肆佔佃德所議也俾記其事而勒諸石

州守顧琳奏復之成正間奸民李諒洪貴等冒奏佃種

起科聽選官潘用俞璉等奏寢之嘉隆間復有徐應元

等投勢轄衆淤湖爲田當事者又秦越視之而五鄉民始不得不與之爭矣萬歷元年王茂貞乃特具奏云其署上妃白馬二湖承瀦諸山七十二澗之水以滋種植但湖小田多流蔭不周唐長慶二年五鄉人民割已田添置夏蓋湖周一百五里旁列三十六溝由喉注腹由腹散支湖供田水田包湖賦永爲定則又慮西北高阜東南低窪水或一決潰若建瓴故於孔堰曹稽溝橫山等處設閘壩以嚴啟閉若佔湖一畝妨害田水一十六畝七分今歷年以來累被刁悍佃佔春初則大開孔堰決上妃白馬二湖之水以遂已之東作及各圩種畢則分瀝夏蓋之水以便已之車戽向之順入於腹者今反逆出於喉矣以勢較之則不敵以公訴之則無途向使湖可以爲田則昔人何必割田爲湖云云語甚悲切得旨下工部咨移兩臺轉行會稽令楊維新同縣令林廷植勘申已得要領遂如

議覆奏奉旨行矣

工部覆本爲豪強佔湖洩水懇乞行查以全國賦以救生靈事都水清吏司案呈奉本部送工科抄出廵按浙江監察御史蕭題稱據浙江按察司提督屯田倉糧浙直水利兼理鹽法河道僉事董呈稱蒙臣批據水利道呈詳查議過上虞縣上妃白馬夏蓋三湖緣由蒙批據呈似尚草率所與因仍開復二項未有的數頃畝及分別疆界不惟無以永利日久亦且難以塞責目前本道仍行兩縣官再加勘報蒙此案照先蒙案驗該奉都察院勘劄前事行道備行會稽知縣楊維新上虞知縣林廷植會勘申道備由呈詳蒙批前因復行二縣申稱先該各官親詣三湖處所據集耆里業主人等查勘得三湖創自漢唐瀦水灌田實五鄉民利祇因各湖高阜處所原有額田小民因將近田湖地屢次佔種各經奏勘立碑禁革豪民仍復侵佔至嘉靖三十九年有民徐應元等欲佃爲實業呈蒙軍門都御史胡批府行縣勘明不准但所佔前田尚未吐出至嘉靖四十一年遇蒙丈量該本府通判林仰成即作原田丈出多數入册糧差訖丈量之後各民

復佔成田太多且地勢漸低必洩水方可佈種因大開孔堰等閘以致湖水少濇灌溉無資一遇旱魃五鄉遂至啼饑及今不禁則侵佔之漸猶不可止而五鄉之害又不可言所以王茂貞等有今日之奏相應查照原額盡行革復但念前田承業既久糧差已定卒欲更復不無動衆之患議將嘉靖三十九年以前佔種者仍舊管業置立疆界分別湖田三十九年以後佔種者悉退爲湖在上錢粮即着五鄉居民包辦又以新佔湖田比之額田地勢甚低所以得佔種者爲諸閘之不謹有以洩水故也若湖水常足自難成田而侵佔之源可塞議將孔堰閘築塞堅固其餘小穴諸閘重加修砌設立閘夫老人司其啟閉仍立碑禁諭如有仍前盜開并侵佔湖田比例問發題爲永制庶水利可久而國賦不虧等情已經具申今復查勘前佔湖田原該林通判丈量定有埂界埂內三湖共田九頃四十一畝四分七厘零係業主馬廸等俱於三十九年以前佔種者前議姑令承業埂外三湖共田四頃一十九畝八分六厘零係業主葉文顯等於三十九年以後佔種前議退復爲湖及審埂

內田已經丈量入冊糧差埂外田尚未入冊亦無糧差包賠各勘明白查得田畝字號業主姓名申送到道據此查得三湖除原額田共二十五頃六十六畝九分後因居民侵佔嘉靖四十一年該林通判丈勘定有埂界自三十九年以前佔種田共九頃四十一畝四分七厘零俱在埂內已經入冊陞糧姑令仍舊管業三十九年以後續佔田共四頃一十九畝八分六厘零俱是埂外未經入冊陞糧議令退復爲湖其疆界已有石埂無容外議然疆界雖明恐立法不嚴日後復恣侵佔合照二縣前議凡有仍前冒佔者無論多寡比依强佔官民山蕩湖泊問擬杖一百流三千里盜決者比依盜決河坊毀壞人家漂失財物淹沒田禾犯該徒罪以上爲首者問發充軍事例併乞題請著爲定規俱候允示之日備行上虞縣查照原議築塞孔堰閘修理小穴等閘每閘設閘夫二名湖東湖西老人二名以司啟閉曹稽溝閘仍舊爲便不許遷移備將改正過緣由刻立碑石以垂永久呈乞照詳完銷勘合等因到臣據此案照先奉都察院巡按浙江五千五百四十四號勘劄准工部咨該

本部看得上虞縣民王茂貞等具奏上虞等湖水利緣由既奉旨相應行查移咨都察院一備劄行臣即將王茂貞等奏內事情選委廉能官員逐一從公嚴審不得拘泥一面之詞審果情詞是實即行改正究問如律倘有利彼妨此及揑情妄奏徑自究治等因奉經行據浙江按察司水利道行委會稽知縣楊維新上虞知縣林廷植會勘明白議呈前來尤恐未盡又經批行覆勘去後今據因爲照吳越之間古稱澤國耕稼之利多仰官湖自頃年以後民既利湖田而敢爲侵牟因而官亦利湖田而輕爲佃稅佔種與佃稅交作致湖蕩與堰閘俱湮水利竟微旱潦何備其在紹興各縣又其尤者在上虞縣上如白馬夏蓋亦其一也所以王茂貞等切有此奏誠有不可不爲修復者據查徐應元等侵佔至於多頃而丈量亦以多年不惟已派之稅即難弗許爲田亦且已成之田即難復濬爲湖至於埂外續開之田又非冊內經丈之數當令盡吐以廣豬滀然湖蕩廣而堰閘不嚴則水澤之走洩何杜堰閘雖嚴而細民之覬覦尚滋所據該道議將前項湖田已經入冊糧差者仍令管業

未經入冊陞科者悉復爲湖修築堰閘定立疆界比依
律例刻懸禁約似亦有見如蒙勑該部查議准令照議
修復施行庶法嚴則民無輕犯湖廣則水利永固此一
方黔黎之幸也等因奉聖旨工部知道欽此欽遵抄出
到部送司按查萬歷元年六月內據浙江紹興府上虞
縣民王茂貞等奏爲復水利誅豪强以救億萬生靈以
全億萬賦税事已經備咨都察院轉行巡按御史查勘
去後今該前因查呈到部臣等看得浙江上虞縣上如
白馬夏蓋三湖利關一方委當修復今既巡按御史蕭
委官相勘明白具題前來相應依擬恭候命下本部備
咨都察院轉行巡按御史蕭嚴督各司道府縣等官除
徐應元等佔種之田已經入冊陞糧者姑令承業外將
埂外續佔之田未經入冊陞糧者盡數開復爲湖以廣
瀦滀仍修築堰閘定立疆界不許豪强仍前侵佔如違
嚴加究治務垂永久其一槪禁約事宜悉照原議施行
萬歷二年十二月十九日覆本月二十一日奉旨是
沿至萬歷九年而刻者未刻復者未復適經丈量郎嘉

靖三十九年以後佔者且混行入冊萬歷十三年知縣朱維藩又將湖田抵歸西溪湖之陞科無田者而奸民益得借號影射悉行侵踞無論上妃一望膏腴無復有湖白馬僅如綫之流卽夏蓋湖如馮家山大山下等處額田外今年爲池塘明年爲田畝亦效上妃白馬之故智矣宜王瞧等有乞遵明旨之呈也會稽令羅相又與縣令楊爲棟會同覆勘有二議視昔加詳議曰查得上妃白馬二湖自東漢有之後因溉田不足唐民居五鄉者割田爲夏蓋湖湖形上妃高與夏蓋埒接諸山澗之水由穰草堰入於夏蓋湖白馬比夏蓋畧低則築孔堰接山澗之水由石堰入於夏蓋湖而夏蓋則總納二湖之水傍通三

十六溝閘疏派於各鄉灌田十三萬有奇當一邑之半譬之人身以上妃白馬爲咽喉夏蓋爲心腹昔曾勒之碑石云佔湖一畝妨水利一十六畝七分祇緣湖濱高阜處有額田而得田之家遂倚田侵佔然猶未敢公然無忌也至嘉靖四十一年署縣林判府丈田缺額而佔田者乘機竄入冊中爲廢湖張本雖經王茂貞具奏奉旨行委會上二縣知縣勘議將三十九年以前者准爲田以後者悉剗復爲湖其孔堰則堅築之使無洩也已復詳奏復至萬歷九年又經丈量卽三十九年以後續佔者且混入冊矣至萬歷十三年朱知縣議復西溪湖剗去民田給帖撥補而奸民移坵改換借號影射悉行侵佔且於春水溢則開孔堰排已之侵溢以便東作夏水涸則盜決石堰反利人之豬瀦以贍灌溉是上妃白馬獨有利無害而夏蓋湖不惟無水之源頭昔也由喉注腹今則由腹而逆出於喉屢經荒旱者蓋以此而今權宜利害有兩議焉查得茂貞奏復抄招三湖額田共二千五百六十畝九分卽將三十九年以前者准爲田止田九百四十一畝連前不過三千五百餘畝今據白

馬湖居民稱額田七千餘上妃稱額田三千餘況有夏蓋未查除前三千五百外盡皆續佔但原卷已燬幸有四十一年魚鱗圖及林通判丈量十二格冊可考也欲爲久遠之計合照萬歷四年之議將原額田并三十九年以前入冊者及朱知縣撥補西溪湖田四百九十餘畝查出某湖若干分別丈量許其爲田令得田之家自築高堤用防水潦以外悉退爲湖此一議大有益於五鄉十三萬之田而頗不利於兩湖數千畝久假不歸之田非卓有主持力排羣議者不能行其孔堰照今所勘水勢自橋板量下低至三尺八寸積水以此爲準則自馬不但額田無妨卽續佔者亦與田底平也寧至淹没上妃湖尤無碍合將閘改溜水石壩舊閘門廣止六尺以直而瀉今增一丈二尺以橫而瀉逢有餘則自洩止平石則常豬矣其三十六溝易洩去處如朱家灘亦宜改爲平水石壩洩其汎濫固其停蓄如前制其長壩謝家塘係土築而不免拖船宜改築以石其陸家溝河清溝其土薄也漁者易於盜決宜令得利民修闊四丈餘則夏蓋卽不能實受二湖七十二凋之水苟非大旱亦

可無患彼白馬佔田之民猶以苦水爲辭不知壩之平取準於田底則斷無没田之理至妄訴民爲魚鱉今勘居民住址去額田高甚豈復有低等窪田者耶則改溜水石壩之議所宜亟行矣此一議則大有利於上妃白馬而小不利於夏蓋不必騷動上妃白馬佔田之家而亦可稍安五鄉人民藉蔭之地似爲易行至於夏蓋湖新池新田必嚴爲剗毁以杜將來效尤之勢不然則日侵月削數十年後不至如上妃之盡佔爲田不已也

嗣是則黄府判其名號職官表無考來署縣篆身履其地覆勘於二議反覆殆盡鑿鑿以剗田復湖改閘爲壩亟上之院道業已詳示而數十年來竟託之空言歲甲辰徐令待聘以樂清改虞以虞之利病莫過三湖身履至再相度地形採訪民情於前所議覆者慨然詳申條爲六款畧曰

上妃白馬在夏蓋之上流接諸澗之水停滀夏蓋故必二湖之水滿而溢然後上妃由穰草堰白馬由石堰轉入夏蓋由夏蓋分注三十六溝以資七鄉之灌溉論勢則湖東低於湖西不止尋丈若東鑿孔堰使二湖之水下走餘姚則二湖可成沃壤夏蓋之水反由石堰盡流至孔堰爲二湖佔田者之利而夏蓋漸爲陸地是昔之建二湖也所以培夏蓋之源今之佔二湖也徒以決夏蓋之水三湖者將存一湖而其源不長其涸立待矣自湖東刁民之盜佔而又懼湖西之必爭也於是投托勢宦以相影射獨不思割田爲湖者何心佔湖爲田者何心顧以升斗之微而忍爲刁豪者樹赤幟亦可怪已湖西之與湖東爭剝膚之災也爲公也府縣之伸湖西而抑湖東從民之願也亦爲公也良民敢怒而不敢言有司能議而不能任所以屢奉明旨雖經憲詳而屢議屢罷上妃白馬之佔田日加益也爲今之策莫先於塞孔堰孔堰塞則水不洩水不洩則田不成湖東雖欲竊據無所用之其次改長壩修溝閘增湖塘以至查覆佔田帖田申嚴故決盜種之數者不可缺一庶三湖還其故

道而七鄉受其永賴矣　一築孔堰上妃白馬之佔爲田也皆由附近居民私開孔堰將二湖之水一洩而東注餘姚不煩工力便成膏腴故佔田者四起而夏蓋湖之水源已竭湖東湖西之爭未已者全在此若改堰爲溜水石壩溢則流平則蓄庶上妃白馬之水仍歸夏蓋湖而七鄉十三萬之田俱資灌溉矣兩湖額田之形原高於湖彼藉口於潦之爲害者妄也其改壩規制丈尺具前議中　一改長壩長壩與餘姚接境乃三湖各溝閘諸水所合流之處其瀉於姚勢如建瓴故孔堰固三湖之尾閭而長壩尤三湖之漏巵也雖常建閘以時啟閉近因商船欲避梁湖之官稅往往取道百官等鎮以達長壩而該土豪民又利其私稅遂使閘無寸板一任水之奔注船之往來恬不爲怪閘旁壩原係土築船既由此拖過則壩易坍塌又何怪三湖之水不蓄而一遇天旱即苦弗歲也七鄉民所以請改閘爲壩而壩必用石也其謝家塘之利害亦如長壩　一修溝閘夏蓋湖東西共有三十六溝以分注其水又有塘以捍海之鹹水有閘以蓄湖之淡水其西固無恙也惟東二都至五

都如陸家河清及小穴夏山等處泥土淺薄易於盜決故土豪因而偷水灌田又因而拖船捕魚近該勘視大非舊制若春雨連綿山水泛溢其潰也可立而俟矣應令管湖老人及圩長將各溝作速修濬無致傾洩其閘亦以次輯理堅固庶鹹水不入淡水不出而七鄉之田無旱乾之害也　一增湖塘夏葢湖三面枕海其北與杭之鹽官相望所恃障海捍田者全賴湖塘今塘皆坍塌低狹僅存一綫之路葢非獨湖東之盜決其北新漲沙地漸成沃土及屬之竈戶者假竈名色顯然決湖之水以自利水多從旁孔出故塘之削也滋甚及今不爲修築或風濤衝激或霪雨浸潰將海潮直入其腹內其始尋丈其究滔天悔何及乎應照原議令得利人夫修築濶四丈有餘以防奔溢之患　一查佔田帖田佔田非由祖業非由價買夏葢湖之竊據者較之上妃白馬稍難上妃白馬一決孔堰便成田矣若夏葢之佔湖者雖假工力藉經理然大山下荷葉山馮家山鵞兒斗等處在在皆有肥田皆不止數百畝而每畝皆歲收十種自種自食以官湖爲已業尙亦有利哉近又有借還湖

之名而敢為佔田之倡者則西溪湖之業主是也朱知縣議復之日恐豪民為梗遂以新漲沙地給帖抵補而湖田亦在內有帖止一畝而包佔幾十畝者又有假託有帖而移坵換段恣其侵漁者非獨復一湖廢一湖於民情為甚拂而以有限之官湖供無窮之欲壑其勢不併夏蓋而盡田之不止今除嘉靖三十九年及萬歷四年入冊作額田外均應裁之以法亟為刬復者也不然今年具奏明年具呈今年勘議明年究招而卒無了案使佔田者坐享厚利誠不知其所終矣　一嚴故決佔種法不立則民莫知所從法不嚴則人又易犯三湖瀦水灌田據湖經稱佔湖一畝妨礙灌田一十六畝七分其非他湖之比也明甚今上妃白馬僅存涓流皆為刁豪佔據而夏蓋亦漸失其舊屢奉明旨剗復卒束之高閣而未終局者則以上之姑息太過故數十年築道旁之舍致佔田者日加益也夫强佔官民山蕩及故決河防律例凛然誰敢干之豈堂堂三尺獨不行於三湖耶此後應照律例究擬仍追籽粒庶佔者決者懼法而不敢肆無忌憚亦復湖之一端也　脩志至水

利復反覆言之其詞曰昔人云佔湖一畝妨水利一十六畝七分今之佔湖者何紛紛也余嘗讀本末一書輒掩卷而歎成事之難豈事之果難成哉能議而不能任則難能任而不能請於上則難得請而從旁有撓之者則又難三湖自王茂貞具奏得旨以來所爲議者亦既詳且久矣而竟不能觀厥成眞可扼腕查嘉靖四十一年以前冊田三千五百六十畝九分萬歷四年以前又冊田九百四十一畝四分餘皆新佔亟應剗復姑存以待後之眞能成事者　以上仍萬歷志舊文畧采水利本末及備稿增入之

未幾徐陞任去後令模棱兩端剗復之議竟不果行又萬歷志於白馬夏蓋小查湖另有按語其與姚人辨也亦甚公允詞曰餘姚志稱湖在上虞界而得分蔭者有三處謂白馬夏蓋小查湖也其言白馬湖灌姚之東山蘭風開原三鄉及上虞之西潛五保其言夏蓋自來蔭注上虞新興等五鄉及餘姚蘭風一鄉又言永樂間上虞修

志故云秋後三日於陳倉閘放水四箇時辰其圩甲諸色人指此藉口不得應時放洩以致蘭風鄉之田多槁棠郡守陳耘立辨虞人之奸決罰之復與餘姚均利其言小查湖灌雲樓一鄉據姚人所志則凡鄰於虞者皆與虞共利姚鄰於虞可有其利然未聞虞得承姚之利何也夫民分隸地分域越境而有人之利果法乎考夏侯曾先地志云白馬湖舊名漁浦湖原在餘姚蘭風鄉唐貞元二年割蘭風鄉西五里置永豐鄉益上虞縣其湖今在永豐鄉界是蘭風之民舊溉於湖習爲故常無足怪者乃今延及於東山開原而上虞止西瀦五保是知唐未割地以前而已版入於虞而利輸於姚安用分土爲哉譬若産然始屬於東東家之有也既屬於西矣而猶倚爲東所據耶夏蓋湖周圍甚廣地勢東北最低較之湖西高下相去丈餘是以水去如傾直至餘姚之蘭風一都姚之仰餘潤者往往垂涎故或從鎮都新壩處乘間盜決或從附近溝港處聲言開放相延既久視若當然於是爭搆上之人以爲彼此吾民也安忍坐視其困如弟方饑而且死則爲父者分兄之粟以濟之不

論其非已庾也而乃反曰虞人不肯與姚均利何不易地而觀之且姚之蘭風一鄉既蔭白馬湖矣又蔭夏葢湖是蘭風決宜全熟而虞人不得自承其蔭張目垂手而供諸姚也昔之制地止蘭風鄉五里但應此方之田蔭之可耳浸淫及於一鄉又連注東山開原藉令可一決而盡輸之亦不厭矣姚之岑處士原道者且云盡奪漁浦夏葢歸於餘姚則北鄉可免於暵患是姚人之情畢露於此然而猶謂之曰奪則其非已物亦較著矣至若小查湖之灌雲樓鄉者蓋姚多置田於上虞一都之界故其環湖而田者仰給於此湖由田而波及於姚其境近其勢便也而非其宜也彼謂虞人修志而欲專之將姚人修志而可奪之乎虞人之志志已之土地云爾乃姚人取人之土地而志之乎總之姚處下流傾注最易時値暘暵望濟實殷原其涸轍之情通以鄰鄰之義姚人尚亦有利哉其事固有成議然而昔人所以致是者大抵以近而親不能力爭也故聊爲之辨以明其概如此

國朝雍正六年總督李衛因康熙五十八年海潮

泛溢坍糧莫抵將湖田淤土給民承墾共田六千七百餘畝編列時和年豐四字號報陞輸科又七年報陞田九十畝附和字號十一年報陞田一萬一千三百餘畝編列民安物阜四字號又一千八百二十七畝附時字號一千七百餘畝附年字號先後報陞田二萬一千六百餘畝乾隆五年間省吏委員查丈除陞科入額田畝外其餘私墾概行剗除築塍爲界九年八月浙江布政使潘思榘奏請嚴禁侵佔官湖戶部議覆得

旨俞允戶部爲遵旨議奏事大學士伯臣鄂爾泰議覆浙江布政使潘思榘奏請嚴禁侵佔官湖一摺

奉旨俟訥親到日大學士會同議奏欽此據稱農政之要水利爲先浙省土狹民稠全賴溪湖之水容蓄灌溉而民間之墾佔甚多如餘杭縣之南湖會稽縣之鑑湖上虞縣之夏蓋湖餘姚縣之汝仇湖慈谿縣之蓀湖等處向稱汪洋巨浸今已彌望田疇佔湖之律禁雖嚴而民間之墾佔未已總由地方官平日不實力稽查而地棍勾通縣胥一有報墾卽濫准陞科且墾地勢處低窪并將舊置堤閘私行損壞貽害農田非細臣請嗣後凡有報陞飭令地方印官親履查勘如果非係官湖無碍水利方准陞科如佔湖爲田卽令剷除禁止倘印官查勘不實應請嚴定處分仍於每年農隙飭令印官同分管水利各員親詣查勘申嚴禁令如有土豪地棍强佔私墾者責令挑復仍照律治罪勘後出具印結通送督撫查核歲底彙結報部等語查各省湖蕩原爲瀦水之區旱則以資灌溉澇則以備消納於民田水利最有關係浙省夏蓋汝仇等湖歷來藉以灌溉民田後因該處督撫以浙省逃亡地丁及沿海坍塌地畝錢糧無着請將湖內可耕之地聽民報墾陞科抵補其湖底低

窪之處仍留滀水奏明辦理在案今據潘思榘奏稱濱湖之地岸坍泥積水去沙停民間侵佔無已水道日以淺窄於旱潦有妨等語臣等伏思湖蕩關係水利自應使之寬深容納庶旱潦有資滀洩無碍向來地方官止就目前情形計度每見湖內涸出之地即以爲應聽民報墾陞科可以盡地方而充國課不知墾種既開奸胥地棍藉有陞科之名任意侵佔不顧水道通塞以致湖身日淺湖水無資一遇水旱不但他處民田不免漫溢乾暵之虞即湖內所墾田畝究已先受其害及至成災之後議蠲議賑所費益鉅是開墾湖地雖有升斗之入究竟妨碍民田損失更多不若設法禁制令該督撫等於凡有湖蕩之地委員詳加查勘除已經報墾地畝外其餘滀水之處劃明界限不許再行開墾阻塞水道其從前已墾田畝亦令查明有無陞科分別辦理如此水有停滀民受其利似於水利民田均有裨益倘蒙俞允交與各省督撫一體遵照妥辦可也臣等愚見如此伏候 聖訓謹

奏奉 旨依議欽此二十五年三十一四十五等年

續有報陞田畝嗣後湖旁日增淤漲居民陸續私墾成田七千餘畝五十五年奉文剗除因經費無項因循未辦居民復陸續私墾成田一萬餘畝而官吏視爲利藪私收租錢藉肥囊槖嘉慶四年十二月巡撫阮元特疏

奏參

巡撫阮元奏爲特參聽信書役慫恿索取私墾各戸錢文之知縣請　旨革審以肅功令事緣紹興府屬上虞縣地方有夏蓋湖一區志載周圍一百五里係唐時民人割田爲湖瀦蓄山水灌漑該處田畝後因年久湖身淤墊該處居民即於湖旁淤高之處陸續開墾成田先於雍正六七年及十一年并乾隆二十五年三十一四十五等年六次共題報陞科田二萬四千餘畝分別民安物阜時和年豐等字號給民承種在案嗣湖旁日增淤漲居民陸續私墾約計田七千餘畝乾隆五十二年前任紹興府姜開陽稟經前撫臣覺羅琅

玕飭委該府親詣勘丈議結陞科即經前督臣李侍堯以夏蓋湖附近老田十三萬畝全賴湖水灌溉若將湖田再報陞科將來蓋湖盡成平陸於農田大有妨碍批令司道議詳嗣經該司道等仍請照例陞科具詳呈覆又經前督臣伍拉納批飭委員覆勘旋據前任寧紹台道左周於五十五年五月內勘明詳請將私墾湖田盡行剗除以資儲蓄即經伍拉納如詳批准在案嗣於五十六七等年即經前任督撫各臣照案檄飭該府縣剗除因剗費浩繁因循未辦各墾戶仍舊耕種附近居民因見已墾之田並未剗除隨自五十八年起至嘉慶元年止又陸續私行開墾茲據委員丈明前已開墾成熟未經剗除田七千八百餘畝之外又陸續私墾成田一萬三千餘畝其低窪處所有甫經私墾試種田六千二百餘畝勘明該湖周圍尚有二十餘里且支河環繞瀦蓄充盈四圍田畝足資灌溉無碍水利等情臣等伏查此案私墾田畝乾隆五十五年奉文剗除因經費無項因循未辦並未嚴禁私墾致該處居民復陸續私墾成田至一萬餘畝之多而該縣官吏視爲利藪私收租錢

藉肥囊橐此夏蓋湖歷年私墾官吏索詐之原委也臣飭委司道等拘傳墾戶及該處㕾長人等委員研訊究出自乾隆五十一年前縣鄒宏贊因近湖淤地私墾日多僉差戶書馬文奎余懷德等到地清查各墾戶因私墾有千例禁願納租錢每戶出錢百餘文及三四百文不等五十一二三等年共征收租錢八百餘千五十四年前署縣繆汝和到任聽信戶書余懷德等慫恿復收租錢三百三十餘千五十五年因有剗除之議各墾戶不肯出錢五十六年秋間縣書余懷德因見田稻成熟慫恿前署縣伍士備以剗除爲名索詐各墾戶租錢四百六十餘千五十七年亦收租錢四百七十餘千五十八年以後接任各員並未飭着清查亦未私收租錢至嘉慶三年署縣陳鶴瑞到任復聽余懷德慫恿復私收租錢二百四十餘千隨飭提縣書余懷德陳恢裕顧國治唐廷華等質訊亦供認每年所收租錢各分錢二三十千不等餘剩錢文繳進縣署鄒宏贊任內係交管門家人王二經收伍士備任內係交管門家人范洪經收陳鶴瑞任內係交管門家人姚得胡崑許全經收其各

該縣等得錢數目必須提同各該縣管門家人三面質訊方足以成信讞茲據兩司道府各揭報前來相應據實參奏請
旨將前署上虞令調福建漳浦縣知縣伍士備前署上虞縣事試用知縣繆汝和前署上虞縣事餘姚縣丞陳鶴瑞一并革職以便提同案內人證嚴審定擬具奏除飭立拘該縣等家人范洪姚得等到案質訊究明索詐分肥確數照例定擬并先將勘丈私墾田畝分別已未滿陞科年限造具花戶畝數細冊由臣元核明另行恭疏具題報陞科外所有查明私收租錢各員謹合詞恭摺參奏並將夏蓋湖私墾各田畝分別新舊麥田繪圖貼說恭呈
御覽伏祈
皇上睿鑒再此案臣元未能先事查出咎無可辭相應請
旨將臣交部議處其歷任失察之督撫司道府各員容俟查取職名隨案咨部核議合並陳明謹奏

並將

私墾田畝造冊題報 自乾隆五十五年以前已墾成熟田七十八頃一十九畝四釐八毫六絲五忽又五十八年起至嘉慶元年止陸續墾成田一百三十二頃二百一十畝九分九釐七毫二絲八忽

又嘉慶二年起至三年止甫經試種田六十二頃二十八畝九釐三毫三絲二忽均經委員勘丈編列務本力農奉公守法八字號報陞入冊又額外報陞畈患田一千四百十五畝九分一釐二毫地二百三畝二分八釐三毫池十二畝七分九釐一併入冊　五年正月奉

旨前署上虞縣福建漳浦縣知縣伍士備前署上虞縣試用知縣繆汝和前署上虞縣餘姚縣丞陳鶴瑞俱著革職交該署撫提同案內人證嚴審定擬戶部議奏前項查出各田畝應統於嘉慶五年入額征解嘉慶六年五月奉

旨依議戶部議奏爲遵旨議奏事浙江司案呈該臣等查明浙江巡撫阮疏稱云云等因前來查先准

刑部咨稱議覆浙撫阮奏前署上虞縣知縣伍士備等索取夏蓋湖私墾地畝各户錢文審擬治罪一摺內稱夏蓋湖地畝自乾隆五十一年以後該地居民陸續私墾並未陞科現委妥員會同該縣丈明已未成熟畝數開造花名頃畝細册另行題請陞科并許再行續墾等因經臣部行文該撫遵照辦理在案今據該撫造送册開自乾隆五十五年以前起至五十九年共開中田一百三十八頃四十七畝六分九釐零每畝征銀一錢一分一釐一毫共銀一千五百三十八兩四錢七分八釐每畝征米四合七勺共米六十五石八升四合一勺零請於嘉慶五年入額征解又乾隆六十年開墾中田三十頃六十二畝五分四釐零共應征銀三百四十兩二錢四分八釐共應征米一十四石三斗九升三合九勺零請於嘉慶六年入額征解又嘉慶元年開墾中田四十二頃三十畝八分二釐零共應征銀四百七十兩四分四釐共應征米一十九石八斗八升四合九勺零請於嘉慶七年入額征解又嘉慶二年開墾下田四十七頃四十四畝一分五釐零每畝征銀九分五釐四毫共

銀四百五十二兩五錢九分二釐零每畝征米四合一勺共米一十九石四斗五升一合零請於嘉慶八年入額征解又嘉慶三年開墾下田一十四頃八十三畝九分三釐零共應征銀一百四十一兩五錢六分八釐零共應征米六石八升四合一勺零請於嘉慶九年入額征解通共征銀二千九百四十二兩九錢三分一釐零征米一百二十四石八斗九升八合一勺零等語臣部按冊核算併該縣賦役全書開載科則應征數目雖屬相符惟查此案田畝刑部原奏內聲明於乾隆五十一年即已私墾輸租是官民侵漁獲私歷年已久今若仍按水田六年之例起科各墾戶轉得遂其利欲且查定例民間開墾田畝於初墾時不行報官後經自首者即以自首之年入額陞科此案係該督撫參奏後始行勘丈陞科更非自首可比所有前項查出各田畝應征銀米自應統於嘉慶五年一例入額征解以重　國課今該撫復按水田六年之例分別年限起科殊未允協相應仍令詳晰妥議題報到日再行核覆至此項田畝該撫疏內僅稱係轉飭紹興府委員會同該縣查丈恐未

免有不實情弊並令轉飭遴委隔屬道府大員前詣該地詳加履勘有無隱匿不報取具切實印結隨揭一併送部核辦等因嘉慶六年五月十九日題本月二十一日奉 旨依議欽此相應行文浙江巡撫遵照辦理可也 以上參用嘉慶志備稿 九年邑人何淇等稟請令崔鳴玉於陡門菱池華溝等處建則水石壩驛亭河清小穴三石壩並時建造其高下以蕰湖新陞中田爲則道光八年驛亭河清小穴等壩村民開掘放洩連聲傳等復稟令秀山並呈請撫院築復石壩高下仍視則水定式 按秀令初議河清小穴兩處均照則水壩尺寸驛亭一壩較則水壩低五寸連聲傳等呈稱西鄉河道面濶底狹河底蓄水一尺不及河面一寸面寸之水可以灌禾三日壩高五寸即可免半月之災誠謂寸水寸功且若驛亭一壩獨低

水仍歸底直瀉官民浩大工程亦必盡棄禾命仍無撫院劉批建築堰壩自應以農田水利爲重驛亭壩照舊制則水建築不得改低工竣之日令鄭錦聲詳請憲示勒石永禁

爲重整水利等事案據紳士連聲傳等禀稱驛亭河清小穴三處石堰前因壩夫漁利廢石爲泥削高就低以致水難瀦蓄田無灌溉職等循照則水壩定式捐建石堰呈明府憲批飭前縣主勘明移委糧主督辦詎驛亭壩夫舞弊未循舊制控蒙撫憲批示飭將驛亭壩仍照舊制則水建築不得改低以杜爭端等因茲職等遵將河清小穴驛亭三處石堰建築完竣其高低尺寸悉與則水壩一律相平洵與農田水利大有裨益但恐年遠時湮各壩夫及附近刁民罔知法紀再生拆毀洩水害農爲累匪淺伏叩詳請給示勒石永禁等情當經勘明通詳在案茲奉各憲批示到縣合行給示勒石永禁爲此示仰該處壩夫及坿近居民總保人等知悉要知驛亭等處石堰專爲水利農田照則水改築此後倘有漁利之徒私便車拔船隻膽事拆毀洩水害農一經訪聞

或被告發定即道光二十年驛亭等壩爲壩夫圖便改
提案從重究辦
造邑人陳燮功等控縣勘訊旋令築復二十一年令劉
廣涓復爲勒石爲遵批給示勒石永禁以杜私拆而垂久遠事查接管卷內道光二十年十二
月初九日奉本府正堂定札開道光二十年十二月十
八日奉布政使司常憲牌道光二十年十二月初二日
奉撫憲劉批上虞縣具詳境內驛亭等處石堰實爲西
北鄉全河陂障被壩夫圖便船隻行走擅行拆低據各
鄉衿董控縣勘訊究賠業經捐修完整該董事等誠恐
日後再被私拆叩請給示永禁似係保護水利田疇起
見仰懇俯賜給示勒石永禁等緣由奉批據詳已悉仰
布政司即飭勒石示禁毋違仍候督部堂批示繳等因
奉此合行轉飭等因奉此合函飭知仰縣即便遵照勒
石永禁毋違等因並奉各憲批示到縣奉此查驛亭小
穴河清三壩爲西北鄉全河陂障實屬攸關水利前於
道光八年間據紳董連聲傳等查照則水捐砌石壩詳

請前院憲給示永禁拆低嗣後壩夫圖便拔船拆低據紳董陳燮功何棻俞泰連仲愚控經前縣將各壩夫分別枷杖賠修具詳在案茲奉前因合行給示勒石永禁爲此示仰該處壩夫地總人等知悉爾等毋許圖便車拔船隻將各壩私行拆低致礙糧田水利倘敢抗違不遵一經訪聞或被告發定即提案究辦　同治二年小穴壩爲鄉民漁利盜決一時陡門華溝等處則水壩開掘甚多邑人連仲愚等稟請令翁以巽嚴訊究懲築復完固至於巡防之法其初七鄉但設司水老人一名至明崇禎間東西鄉始各設老人二名互相巡察然每年迭易有同過客而責任不專　國朝順治十七年西鄉士民立法分巡俞得鯉西鄉合巡水利記畧曰水利大事也急水利同心也西鄉之

土不一姓，姓不一人，併力協謀而計姓巡之，直一二日事耳。遂檢搭諸姓得應巡者若干數，置大牌一面，書衆姓日期於其上，并某溝某堰某閘次第書之，列欵陳法，分布井井。又議湖陂之下者，姓出瓦屑一二船，障其流云云。餘詳水利本末。並禀縣令蔡覺春詳憲勒石，給發官勘印簿，臚列巡湖各欵，歷久遵行。詳載水利本末。光緒十七年令唐煦春條爲四欵。唐煦春曰：余每於春仲勘江海塘及蓋湖各溝堰，而知水利與塘工實相表裏焉。夫蓋湖自續陞而後，水僅涓滴，所恃以無恐者，全在堰壩之固、巡查之嚴。萬一疏懈，無論舊蔭者幾同石田，即新陞者未必有秋，國課奚出？民生奚賴？此今之水利當倍嚴於昔日也。爰謀諸紳董，陳四欵如左，以告後之維持水利者。一、舊印簿立法綦詳，在嘉慶初未盡陞科，猶且切實認眞。自三四年續陞務本等八字號，灌漑失資，高田皆石。九年間，故紳何淇相度形勢，斟酌高低，禀請前縣崔創建陡門、菱池、華溝，則水壩並驛亭河淸小

穴一律完整於萬難設法之秋垂永遠蓄水之計後人應曲體苦心認眞巡修保此十餘萬糧田是爲至要

一䓣湖昔有其名今無其實惟南首小穴湖北首大小瓦泥潭尙有數區蓄水奈墾田之家每因己產對出築埂私佔竟有糧號無多畝分加倍影射牽扯皆所不免司巡者宜留心察看享官剗復以杜侵佔之弊

一上妃盡爲田疇白馬尙留河道查舊志諸山之水出石堰注夏䓣湖今從孔堰東瀉不歸䓣湖嗣後應將孔堰斟酌修築謹視啟閉以養夏䓣湖之源

一舊制橫山至䓣山一帶多設溝閘志載確鑿歷科後諸溝皆廢閘且改建爲橋與謝家塘潤河口等堡水勢竟無高下之分此水利之大壞處司巡者須緊防東北諸堰閘認眞巡查俾涓滴之水不至盡入姚境亦亡羊補牢之意

照會公正練達紳士總司巡防新纂互見山川

右湖之屬上

上虞縣志卷二十

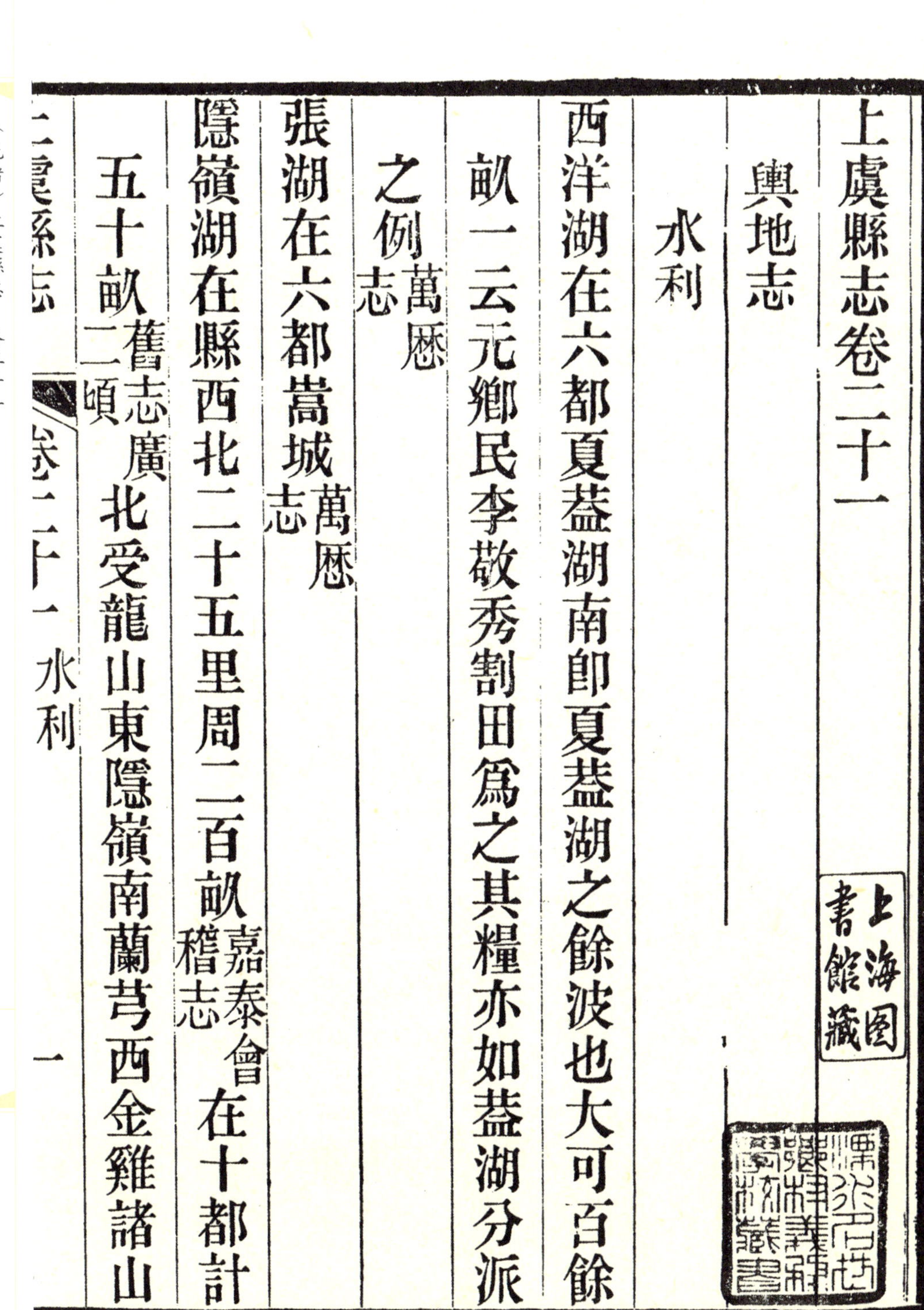

上虞縣志卷二十一

輿地志

水利

西洋湖在六都夏蓋湖南即夏蓋湖之餘波也大可百餘畝一云元鄉民李敬秀割田爲之其糧亦如蓋湖分派之例萬歷志

張湖在六都嵩城萬歷志

隱嶺湖在縣西北二十五里周二百畝嘉泰會稽志在十都計五十畝舊志二頃廣北受龍山東隱嶺南蘭芎西金雞諸山

之水漑田四百畝萬歷志

國朝知縣陳宗功勘詳查虞邑隱嶺湖在縣治十都地方計五十畝舊志廣二頃東南北三面環山西屬田受龍山隱嶺蘭芎諸山水西有溝閘蓄洩啓閉以承蔭熟田四百畝緣年久衝塞湖底淤滿茭草叢生不能容受冬水前人濬湖之制殆失其舊矣雍正十三年民人金我安呈請墾田濬湖王虞絃呈認蕩稅蒙前藩憲批飭檄委會邑楊令虞邑鄒令會勘議詳案經督撫兩院批示飭禁在案迨乾隆八年金我安復具呈前藩憲認墾濬湖蒙批飭勘議前任各令未經詳覆茲於本年九月初六日奉藩憲檄委會勘卑職遵於十六日親詣該地逐加查勘並據金我安繪圖前來查該湖約廣二頃現在淤漲乾涸無水若照舊制以五十畝一律掘深湖深則蓄水亦深南北西三道各建溝閘以備蓄洩其中計可墾田九十五畝八分四圍築高土塘旱潦有備如此則所墾之田既未侵佔原湖而湖已濬深又掘河溝三道湖河蓄水較前更多是熟田四百畝固可足資灌漑

卽新墾亦可不致有旱乾之虞以墾田利益作抵濬湖工費民情自必樂從似應如金我安所請准其濬墾但民情奸良不一勤惰難齊必須先濬湖而後准墾田凡墾田一畝濬湖五分深六尺以此核算計濬湖之丈尺給認墾之多寡俟濬湖完竣另行查勘分別給墾田凡該庄熟田四百畝歷資是湖承蔭水利攸關誠非淺鮮天時旱潦無常每年夏秋之間所有溝閘應聽熟田因時啓閉以佐滋漑不得因新墾而借詞爭阻有妨熟田至熟田與新墾均賴湖水所種禾稻須早晚同時庶同溝共洫彼此有宜不致緩急妨碍應請飭禁永遠遵行管見如斯未敢擅便爲此備由具申伏乞照詳施行乾隆十二年十月十二日詳○新增

高公湖在縣西南十二里周二百餘畝嘉泰會稽志在十都西倚湖嶼底山受衆壑之水計一百三十五畝漑田四百畝舊志周二里漑田十頃舊名南塘湖後令高公割田益之故名

萬歷志

洪山湖在十都有內湖外湖受鳳凰牛山之水計二百餘畝溉田一千三百畝萬歷志宋邑人張達割田爲之嘉慶志

金石湖在十都今名小湖計三十畝溉田一千三百畝萬歷志○按萬歷志山川篇有小湖云在嶀山之南當是別一小湖而水利志不載在縣西三十里嘉慶志

孔家湖在縣西南四十二里嘉泰會稽志在十都受福泉山之水計六十畝溉田五百畝萬歷志在洪山下產蓴菜無異

湘湖嘉慶志

皁李湖在十都距縣西北十五里原名曹黎湖唐貞觀初

鄉人曹黎二姓率衆割己田爲之後以姓音近似呼爲

皁李周十五里受衆山之流南有東西二斗門置閘鑰

隨時啓閉灌溉十都二十二都田共一萬一千畝有奇

十都重芥薑海鹹河淡字號共七里二十二

都惟屈家堡平字號一畈至唐家衕爲界　明洪武辛

酉石泐土崩湖民黄直如等捐貲作三閘翰林待制趙

俶有記略曰上虞縣治西北有湖曰皁李自西斗門而

下析爲二渠一出蔣家堡一出大板橋其流皆

抵縣城漕渠故建閘限水使無所洩歷歲既久成績寖

弛漕渠之水涸暮夜或竊决以駕舟田失其溉而歲薦

凶矣國初令信國公爲征南大將軍道經上虞漕渠膠

舟議决防父老黄正倫等具事上白遂寢夫國公手握

重兵猶以水利爲民命所係不妄決防人可得而竊決平彼竊決者以石閘未固此黄生直如之所以議建也其費則視田入之多寡會粟以給之始自洪武辛酉秋八月至明年春二月訖工三閘既成僉謀勒石謁余求記乃記曰昔先王爲治未嘗不以農政爲先畎澮溝洫咸盡力焉自井田廢先王之法不可復見惟得陂湖以備水旱今阜李諸閘未理防決不常水無所儲直如乃能義成三閘俾是湖之利永有於民顧不賢哉直如係正倫子余嘗嘉正倫能力陳上官而息患於前復善直如克承先志而興利於後故樂爲之書

己卯夏旱通明鎮奸民希圖分蔭誑官屢訟終不能奪永樂丁亥翰林學士王景章有記略曰湖之水東下屈家壩西下蔣家堡大板橋各建閘限水運河無通涓滴洪武己卯夏大旱東通明鎮民任宗等妄訴湖民黄直如等霸佔不均縣令馬馴輕聽誑詞擁衆臨湖勒令決閘瀕湖耆老援例力抗卒莫能挽俄頃湖民聞而會救者其來如雨以身庇閘角持不屈翌

日官誣以罵慢之罪執民送府府亦不辨曲直聽以罪加者百三十九人決以杖斷者萬計痛決而號呼徹天者又不知幾何計會雹雨交至斷乃中止湖民項圭五徐友直等抱圖記以陳憲司司直之檄文下府府雖曲受終闘互愛反又摘拘被對黃直如深情極獄逼欲順承直如哀告曰湖本高原發委不廣僅供該蔭素無餘積況湖水經運河二十五里乃至通明縱使盡發一湖不給運河一吸尚望濟彼田乎彼田未濟而湖已告涸一舉兩失害莫大焉必欲奪蔭甯紛我身官遂感而平焉明年夏復旱時憲僉唐侯泰偶按臨鎮民俞士珉等仍揑前詞幸唐侯未理密廵田野察諸耆老而曲直瞭然遂按圖合記直在湖民遂使妄控者不威自服向使不遇唐侯不幾艮民利奪於强民腴田絛變爲旱田乎唐侯其明哉誠不可以不書

正統庚申湖民徐學言等重修三閘侍郎周忱有記略曰按上虞志縣西北十五里有皁李湖唐鄉人割己田而爲者也南立二門釃水注田於蔣家堡大板橋二河口置閘以限漕渠由是受溉

田無儉歲其爭執之由湍洩之故有趙待制王學士之碑記在茲不復書永樂戊戌漕渠齧坼欽差主事李讓洎藩臬二司官董奉等取浙東所造運艘千數至通明不能進分憲率府縣決湖者民徐友直項原起等上圖記堅執不從於是決梁湖壩引江潮入而濟之宣德癸未旱鎮海中貴歐誠舟至娥江適欽使西洋劉指揮貢舟艤通明督邑丞趙智決湖湖民羅友睦等如干人詣麾下以利害反覆陳訴牢不容決遂韁包肩運其貨挽舟陸行既各聞就圮正統庚申朝廷檄郡縣興利除害於是邑令李景華挾簿姜文華行視命耆老徐學言等以畝會粟以口集傭伐木斬杙貿灰鳩工循舊制仆者起之缺者補之經始於其年秋告成於次年春堅壯固密視昔有加會余巡撫江南適常熟令郭南子禧亦湖民也以父相知具狀速記余惟民以食爲大不可緩也蓋產其地者食其利古今不易況割己田而爲湍溉之具乎故雖有勢力不能奪長民者緩而不理豈情也哉若李令輩可謂得其要矣故樂書之以詔將來

萬歷三十四年邑人葛曉修志

豪民鄭用九乘間賄囑僞創七說毁古志湖民黃文等備陳七說之謬上控於郡郡守朱芹同郡佐葉詣湖勘悉具詳督撫甘改正七說勒石永禁邑令王同謙立石有記

略曰爲查修水利以奠民生事萬歷三十五年三月二十八日據湖民黃文等控豪民鄭用九朋奸易志奪蔭殃民等情赴告按察司及督撫軍門甘蒙批水利通判葉查報間適本府朱經縣湖民數千擁道號訴本府問之僉云皁李湖爲鄭用九私易志書告開接濟河道當同通判葉會勘此湖旁湖之田萬一千餘畝皆賴其灌漑自唐迄今未有異議查舊志此湖原名曹黎湖肇自唐貞觀間至國朝正統郭南志改皁李湖然名雖更而瀦洩如故今鄭用九乘修邑志忽倡七說欲將湖面之水濟河湖底之水滋涸勢不至罄走湖水而注之河不止且決湖一丈不足溢河一寸河乾不過稍碍舟楫湖乾則一方之民靡孑遺矣爲此計者欲以河

南之田而取足於河北之水以一人之操縱而變亂千年之規則無論於理於法萬萬不可卽以利害之說較之亦必不得之數也會勘既明本府復看阜李湖原爲湖邊糧田而設置閘以防走洩自唐以來安堵如故今鄭用九私圖洩水濟河除該原行究罪招詳外非奉憲諭不足以垂永久故恭請明示嗣後不得假借濟河之名而告放該湖之水勒石湖邊永爲遵守等因申明分守道臬憲督撫憲立石該湖閘際永爲遵守萬歷三十七年九月日知縣王同謙縣丞陶民贍主簿儲統祚典史吳顯同立石　時七說刋就未卽改正　國朝康熙十年郡守張三異檄縣修志湖民張俊等據前案控撫院范行府查報府飭縣令鄭僑查勘得實具詳覆院請劖僞復古撫院復行藩司袁轉查申覆院批允詳立碑　略曰爲亂志奪湖等事康熙十年四月十五日本府張奉巡撫都察院范

批發上虞士民張俊等呈稱前事仰紹興府確查速報
志冊四本并發奉此遵行隨據上虞縣知縣鄭申稱皁
李湖始唐貞觀間居民割田瀦水灌十都十八堡田一
萬一千餘畝向來湖民修築不費官帑不輕私放蓋因
虞之地西高東低最易傾瀉而湖身尤高出運河勢若
建瓴一放則涓滴無餘傍湖之田悉成龜坼案查明季
葛曉修志創爲七說欲決湖注河士民曾號於府府同
水利廳沿湖親勘勒碑示禁今邑志重脩衿民張俊等
欲削除七說遵舊制而禁放湖水遂聚衆控院以死爭
之亦因事關切膚不得不大聲疾呼卑職細查有湖以
來皆湖民私力修築滀水灌溉若其洩水於河則沮洳
變爲桑田水無所滀田無所賴莫若照舊聽其自修自
溉仍勒禁垂久等因前來隨該本府張核卷明白詳覆
撫憲復奉批仰布政司查報隨該本司袁看得上虞縣
皁李湖唐貞觀初鄉人曹黎二姓割田爲湖瀦水溉田
一萬一千有奇自捐自築不費官帑以時蓄洩歷朝守
此勿失因明季葛曉僞創七說載入縣志大要欲强奪
湖水分沾其潤傍湖之民恐洪湖防水無停注環湖之

田失其灌溉苗則稿矣翻閱湖經碑志及相訟案牘是此湖之水不可浥注其葛曉七說前明萬歷間湖民黃文等已經具控院道府廳會勘湖水照舊蓄蔭近田仍改正新志勒石永禁在案先年以七說刋就未即改正今該邑修志故矜民張俊等有亂志奪湖之控請削僞說仍復舊章其詞原屬不誣且覆經該府縣詳議明白擬合詳請憲臺批示削去葛曉七說永絕異議仍行勒禁等因覆院奉批如詳刪削浮論仍勒石禁飭繳隨該本司劄付行府轉縣遵照勒石永禁乃刻削僞說復古志之舊康熙志六十一年及雍正元年邑曹姓重修湖閘曹章有記載文徵○新纂

乾隆間近湖種藕民人莫阿瑚等遇十八堡大水堅閉湖閘俾水不得入湖禾苗被災邑人朱文紹等呈請邑令飭保禁止俾澇水銷納湖中俟田中水退然後放洩

湖水永爲定例湖中有高阜處近湖奸民私墾植禾乾隆五十三年邑人倪士元等呈縣禁阻久而未決仍行墾種至嘉慶六年邑人朱文紹倪瑞曹夏統等呈控府縣嚴行禁止又湖身空闊内糧池無幾湖中多生水草農氓取以糞田并可開濬湖底永免淤塞嘉慶五年近湖居民陳某等欲據湖利借湖内藕池爲由聚衆强拉里民取草罱泥農船各里民朱文紹等呈控府縣蒙本府百查核明晰諭令取草罱泥者不得侵犯藕池其有藕池者亦不得私自拉船致啟爭端嘉慶志二十年奸民

吳阿三冒奪湖蔭邑人倪端控縣及省府吳阿三因問發充軍道光間奸民陳阿三亦謀奪湖蔭邑人倪琭控縣及省府嚴懲之光緒十年潦水入湖上下湖居民因啟閉大閘相爭呈控府縣署知縣王承煦奉憲札定斷遵照湖經閘板以七尺爲度斗門大閘及蔣家大板二閘啟閉時日悉遵湖經新纂互見山川

梁湖在縣西四十里嘉慶志作三十餘里灌田甚溥舊志皆失載宋濂陳克和墓誌梁湖者溉民田甚溥右族利其腴將堙以爲田民病暵君復浚之乾隆府志○案湖今廢

沙湖在十都距縣西三十里北倚蘭芎山南濱曹娥江周六里明宏治間侵於姚八怙勢者嘉靖戊戌縣令鄭芸復之漸爲潮汐所淤萬歷己亥令胡思伸率民開濬築隄建閘以時啟閉若旱則遞決而注於運河與二十一都西溪湖同爲運河所資萬歷志後爲畜牧之場當事者議開濬未果康熙志國朝雍正二年里民王聖凡等呈請報陞湖身僅存一帶嘉慶志○備稿案即今沙字號田而無量閘旁及蘭芎山足有二潭尙大旱不涸云新纂餘見沙湖塘

錢家湖在縣西南三十里嘉泰會稽志在十一都南姥山峻壁

下計三畝五分又名嚴家湖萬曆志在縣西南四十里許其側有小湖嘉慶志

江淹湖在十一都卽廟山湖一山垂兩乳可數十丈下爲隄以障之計五畝溉田數十畝萬曆志

員湖在縣西南四十里嘉泰會稽志在十一二都之間各分其半計八十畝或云周一里北抵横山南抵尺雞山東抵長大山小山西抵田畈萬曆志

光嚴湖在縣西南四十二里嘉泰會稽志在十一都計一百八畝西受𡾊山重澗之水三面爲隄以障之溉田八百畝

萬歷志○按噱山萬歷志作嵩嘉慶志作蒿今從備稿

高鏡湖在縣西南四十里周四十餘畝嘉泰會稽志　在十一都計四十畝溉田四頃餘今名瓦窰湖萬歷志　在花墳山下康熙志

漳汀湖漳府志作章　在縣西南四十二里周三百六十畝嘉泰會稽志　在十一都縣西南曹娥江西岸漳汀山下周二里蔭旁近之田近爲勢家所佔甚妨種植民屢訴當道以僻遠置不問萬歷三十三年令徐待聘蒞治民復訴乃躬履其地而剗復之比部顏洪範有記　記曰越娥江而西以南固虞壤也有

湖當漳汀山之麓山水下注其窪而豬以成湖可三百餘畝因山以名云環湖而田者悉飲湖之潤且畬且穫以粒有秋載在圖志所從來久矣以歲之久其溢不無葑合故勢家得規而爲田旁近之農稍値旱暵輒苦灌溉嗚諸當道者且數十餘萬率以窮鄙小民之事一切弁髦之而湖又介在僻遠棄若甌越夫天之生人開以自然之利而俾食其土毛豈其恣豪右者扼人滋養之命脈而奪爲己腴以病此一方必不然矣會今甲辰秋七月紹虹徐公以材賢調吾虞甫下車而愍俗之呰窳釐事之觚蠹百廢具舉四民胥悅居民加額而起曰是吾天乎非此時白吾冤狀則湖必折而盡入於勢家不幾斥鹵其田而涸鮒其民耶因相率哀籲於公公慨然曰是不可以聽決也乃身履其地度原隰覽阡畮而曰噫微湖山水曷歸卽廢湖田農曷灌庸可堙而田也借堙而田也吾當復之而剗未盡堙也乃勢宦者欲堙而爲田乎且也湖廢而田則勢家利湖而灌田則吾民利爲民父母者將誰利而可乎前是任事者之不爾直以未覩所利耳不可以當吾世而病民率爲直之當道踶

其議下所司嚴戢爲湖永圖者民任潮十五等詣不侫範請樹石以記其事蓋聞鴻陂之壞興歌黄鵠召棣之築致頌新城水利之於民大矣湖佔於勢久不能決而公不憚跋履之勞定於俄頃誦其移文固懸諸日月不刊典也雖鉅材乎實子惠之心出之人亦有言何知仁義享其利者爲有德公之德視湖而加浚民之詠德緣石以不朽所云覩河洛而思功無小大一致也不侫藉執簡之役第序次其實耳敢以陽鱎進哉公諱待聘字廷珍號紹虹琴川世家萬歷辛丑進士由樂清改今任其初政他美之在口碑者不勝書然是可概見矣湖

中又有小湖漳汀水涸而小湖不涸故名萬歷志

潛湖在縣西南四十二里瀕湖居民多潛姓故名嘉泰會稽志

在十一都和尚山下計二畝七分萬歷志

金家湖在十二都計三十畝溉田一百餘畝又名水滄湖

萬歷志

菱湖在縣西南四十五里嘉泰會稽志在十二都許家嶺下長八十畝形如菱故名溉田百餘畝舊志周五里溉田六頃水下江有新閘石橋二架又一在八都萬歷志明史河渠志正統八年易菱湖土壩爲石閘備稿

和尚湖在十二都江家山下計二十畝溉田百畝又名湖尚湖萬歷志

尚湖在縣西南三十里嘉泰會稽志近虹樣山周二里溉田二百頃萬歷志

姚山湖在縣西南四十五里周四里嘉泰會稽志在十二都周三十七畝溉田十頃萬曆志

靈芝湖在十二都東山下溉國慶寺田一百八十畝萬曆志

雙湖在縣西南四十里周四里嘉泰會稽志在十二都又名椿湖溉田八頃萬曆志

伶仃湖在縣西南五十里嘉泰會稽志在十二都萬曆志

馬家湖在縣西南五十里嘉泰會稽志在十二都計三十七畝溉田十頃萬曆志

上湖子嘉慶志改作上子湖誤在縣西南四十里嘉泰會稽志又名王家

湖在十二都計六十五畝溉田十頃受嶺頭之水有閘三面皆石山萬歷志○案萬歷志山川篇云周五十餘畝與此不相應水不入江嘉慶志

鍾湖在縣西南五十里周二百二十畝一名鍾家湖嘉泰會稽志在十二都即蔡山湖廣二頃二十畝溉近田萬歷志

瀦湖在縣南五十里嘉泰會稽志在十三都東受余家山白雲山諸壑之水計一千三百畝舊志周九里三十步溉十三十七都田共三千七百畝一面爲隄以障之隄廣高三丈長一里餘萬歷志○按今隄廣丈餘基闊三丈高一丈長三十餘丈沿江一帶苦水患十

一都至十七都湖凡三十六惟豬湖獨潤古制於河頭佛國溪涯築土壩以障黑白龍潭剡江萬壑之水潦水衝決冬築春崩爲患最烈居民苦之明萬歷四十一年里老謝尙湑等相度地勢進二十丈山陂相對下有深潭外橫石骨遂改築其上以避水患民屢有秋稍得休息崇禎元年七月颶風海潮盡壞下七都塘塍民居此壩據上流幸勿壞七年八月雨連五日夜水溢壩潰無餘累歲修築迄無成功至十三年有勢豪據阜處佔佃爲田列坵分段約五百畝十六年夏旱禾黃熟忽內水

暴發淹没三日豪糾衆數百掘毁埂圩決盡湖水沿湖士民合控縣令余颺令隨賫志親勘諭以理法且勸且懲豪感服仍剗復爲湖　國朝順治十三十四年洪流下注壩圮俱湮民皆竄丐里人謝東里具控邑令高之蕙勸諭田主每畝出粟五升招卒各佃督築基廣三丈六尺直亘九丈五尺高逾二尺平濶二丈内栽楊柳外樹葦荻增繕五載工方告竣康熙己酉復增築鮑嶼溜水石壩高一尺二寸次年庚戌水災辛亥旱災八堡均樂有秋咸呼爲高逸壩云康熙志　雍正十三年唐合可報

墾湖田千餘畝邑人丁子功等控制憲當委山邑令劉晏邑令鄒洪會勘勒石永禁有二令碑記嘉慶志○碑云雍正十三年十月初二日蒙本府正堂葉憲覆案布政使憲牌本年九月十八日總督浙閩部院郝批上虞縣人民唐舍可等呈報上虞縣十七都有瀦湖舍可墾田千餘畝有丁子功等借水利爲由阻墾等因奉批仰布政使司委員確勘議詳又據丁子功以一墾萬害等事呈稱瀦湖承蔭十三十七都熟田三千七百餘畝唐舍可等只知利己不顧病民若瀦湖一墾必致三千七百餘畝熟田盡爲荒土等因奉批候詳到日奪在案奉此合行抄詞飭委仰山陰縣立即前赴上虞縣會同該縣將瀦湖地方淤地唐舍可墾田若干是否關係承蔭有害禾苗立即議詳以憑轉詳院憲等因到縣卑職遵奉憲委隨即訂期減從扁舟親詣瀦湖等處親勘瀦湖計一千三百餘畝湖坐上虞縣之西南受余家白雲諸山之水湖南虞人等字號熟田三千七百餘畝賴其灌溉查志書內

載崇禎十三年有勢豪據高阜處佔佃爲田十六年沿湖士民合控邑令仍劃爲湖今會勘湖內雖高阜一帶似屬可開以致唐含可等具呈請墾藉高者新墾成田低窪之水勢必分以承蔭湖南已熟之田少水灌溉必致反爲涸廢且如果可墾無害從前已佃爲田又何仍劃爲湖前車之鑒合可見矣緣奉委員事理合將勘過情形繪圖詳報茲奉憲查察轉等因本年九月二十日奉布政使憲票內開本年九月十八日奉總督銜專管巡撫部院程批本司呈詳上邑瀦員二湖高阜漲地據山上二縣會勘似可開墾藉高者成田則湖水盡灌新田向日賴蔭之熟田少水灌溉查舉行墾政原爲足民起見今各湖淤地既據勘明一經開墾必致熟田涸廢而受害者多自應禁墾將淤地概行疏濬深通以資灌溉并繪圖形詳候批示緣由奉批上邑瀦員等湖既據委員會同確勘有碍水利未便開墾如詳轉飭永遠禁止取具依結報仍候督部院批示圖繪繳奉此合行飭知仰府又到遵照院批事理合該縣民人認墾瀦湖各處淤地勸諭受蔭田畝各業戶上縣通力合作濬深勒

石永遠禁墾取具依印結碑摹以憑轉呈院憲等因行府到縣奉此合行轉飭承蔭田畝各業戸遵將豬湖阜地上縣通力合作疏濬深通毋許豪勢覆墾致妨水利奉憲勒石永遠禁止須至碑者乾隆二年三月日立○

新增 乾隆八年徐益恭以濬湖爲由謀墾邑人王叔揚等控藩憲潘飭縣禁止二十一年陳洪芳以育嬰堂爲由謀墾邑人王化玉等控府憲與委姚邑令李縣令柴會勘刻復四十五年胡學海等墾種邑人夏廷一等控縣令鄧雲龍刻復永禁 嘉慶志 旋以世遠年湮石碑模糊復有掘墈開墾之釁同治七年邑人夏春臺等呈令王嘉銓出示嚴禁 爲出示嚴禁事據耆民夏春臺等呈稱十三都虞人等號糧田三千七百餘畝全賴

豬湖之水灌溉承蔭因湖水下注故在鮑𨜵湖口向築溜水石壩滀水灌田雍正十三年間因愚民希圖開墾高阜漲地致湖水盡灌新田控奉各憲飭委山上兩縣勘明禁墾於乾隆二年間勒石永禁在案今因世遠年湮石碑模糊無知愚民仍有掘壩開墾妨害糧田茲耕種在卽該壩水利攸關爲此黏呈奉憲禁碑原底聯名公叩出示嚴禁等情前來據此除批示外合行出示嚴禁爲此示仰該處居民人等知悉爾等須知水以蔭田壩以滀水一經掘壩開墾糧田乏之水灌溉湖水仍難留滀自示之後倘敢故違許該衿民人等指名稟縣以憑究懲云云　光緒三年壩復被掘經夏春臺等脩復控縣縣令唐煦春諭令照常蓄溜毋得更改新纂

椿湖按椿當作樁舊志俱誤　在十三都周二里流注豬湖溉田七頃萬歷志○按當云從豬湖流注卽豬湖之旁流嘉慶志

黃灣湖在縣西南四十里嘉泰會稽志在十四都鄭家湖邊長三里溉田十餘頃萬歷志今廢新纂

鄎家湖在十四都成功嶠右兩山之中周一里其源甚淺萬歷志嘉慶志

池湖在縣西南五十里周七十餘畝嘉泰會稽志在十四都周二里溉田六頃萬歷志

竹衕湖在縣西南五十里嘉泰會稽志在十四都一名四角湖長五里溉田三十頃萬歷志與在蘿巖山下者同名新纂

法華湖在十四都一名江家湖一名湇湖在浮來廟前又

呼廟湖萬歷志

人字湖在十四都落塲埠側形如人字故名新增○按萬歷志謂法華湖形如人字今查法華人字截然兩湖不當混合爲一

雙碁湖在縣西南五十里嘉泰會稽志在十四都兩山對峙中有小陂三面皆石山峻坡或云山形如旗當稱雙旗萬歷志周一里溉田十頃嘉慶志

前竈後竈湖在十四都郭志云卽雙旗誤周二里溉田二十頃萬歷志前湖周一里溉田十頃後湖周二里溉田二十頃備稿

鄭家湖在十四都環一畝地勢高仰無水灌田又一在十八都萬歷志

赤峴湖在縣西南五十里嘉泰會稽志在十四都一云勅峴南至馮處湖西至橋北至路長二里止灌近田萬歷志

斷江湖沿山爲渠長可二里廣十丈以蔭兩岸之田北出龍潭山萬歷志

沐憩湖在十五都昔有人沐此而憩故名後倚金家山上受龔嶼山之水環八十餘畝界爲三區無出口內有納糧塘計二十畝八分有小山二一名獨山廟山湖外龍山

壩一帶壩外即曹娥江萬歷志

前厲湖在十六都計六畝九分六釐八毫溉田三頃明隆慶二年沙塞二畝中有木橋有五聖廟萬歷志○案嘉泰會稽志有萌厲湖云在縣南四十里萬歷以來諸志均無之疑前厲即萌厲傳寫之譌○新纂

蚌湖在縣南四十里嘉泰會稽志在十六都形長而彎計四畝一分九釐溉田二頃萬歷志

分家湖在十六都即太平湖在太平山下受泉水其形似河計十二畝萬歷志在圓山下嘉慶志

銅山湖在十七都銅山下湖內濶而外山拱峙計六十畝

溉田六百餘畝萬歷志○王氏虞志備稿云嘉慶志作銅湖從萬歷志也後又載銅山湖從府志也重出今改正之

山莊湖在十七都季嶼計三畝五分溉田八十畝萬歷志

圭山湖在縣南四十里嘉泰會稽志在十七都廣一百餘畝舊志周二里東西皆田南北倚山塘隄種柏溉田一千三百畝萬歷志

周家湖在縣南四十里嘉泰會稽志在十八都計三畝舊志云周一里溉田四頃萬歷志

李家湖在縣南四十里嘉泰會稽志在十八都舊志云周一里

漑田四頃萬曆志

西溪湖在二十一都距縣西南三里周七里漑田二千餘畝宋戴令延興爲隄七里以障之又名七里湖慶歷中將湖利歸學爲養士之費紹興初割三分之一給功臣李顯忠爲牧馬地顯忠挾功兼併僅以緡錢七百歸學治平當作湻熙中朱文公遊始甯見西溪山水之勝講學湖上後提舉浙東因浚治虞人德之迨宋末民私其田輒獻之福邸旋籍入太后宮供輸租稅入元豪民肆侵湖盡爲平陸至正間林尹希元謂此湖當復條議不可廢

者五

議曰昔蘇文忠公言杭之有西湖如人之有眉目其不可廢者五愚謂上虞之有西溪湖如人之有臟腑三十六溪導其源東西二涇承其委人無臟腑何由而生其不可廢者亦有五竊觀西南溪澗之水盤旋交曲注入於湖達於運河溉上管孝義崧嵋三鄉之田包納湖面三千七百畝有奇蔭田供稅全賴湖水蓄積若雨不時降則民拱手以視禾稼之焦枯耳此湖之不可廢者一也虞邑南距羣山北面大海東傾姚江西抵曹娥地勢高仰河渠東流其水易涸若以湖爲田遇旱則溝港斷流農民坐以待斃是官常虧賦民常告飢公私悉係於是此湖之不可廢者二也虞之四陲其在西南地勢高東北地勢下爲諸大川之所會華渡孟宅諸畈其地甚窪方春積雨連朝則浩淼泛漲奔潰莫禦平原之野必致衝激蕩決之患且有齧隄崩岸之虞及天一霽則水之既去者不可復留而病涸矣惟爲隄以防其滲漏置閘以時其啟閉旱則決水以灌溉澇則導水以入江庶積水汪洋永藉沾渥之休禾黍登場咸樂平康之福此湖之不可廢者三也西南一境多大山深谷

砂瘠土磽蓋藉湖内攙汙泥劙草芽以爲種植之本若以湖爲田農夫必無所取畎畝何從得饒所謂需而田疇淤而泥塗翠浪千里玉粒如峙炊粳釀秫既甘且旨者無復可望此湖之不可廢者四也傍湖窶人家無粒食之儲惟願入湖採取魚蝦貿易錢米以資口食若以湖爲田魚蝦既不蕃息窮民無所採取是猶扼喉吭而奪之食生意微矣此湖之不可廢者五也治平中徽國朱文公與觀文殿學士孫邦仁宣教郎主管建昌軍孫應時友遊始甯嘗過訪焉見西溪湖山水之勝遂寓其家註書考證講學於西溪湖上後提舉浙東因而浚治虞人德之迨元豪民嗜利盡以爲田大失水利至正壬辰希元出史館來尹茲邑見夫湖左庫而右仰葑藁之所湮汙淖之所淤秋冬之交則爲芻牧之場支便之逕時攝郡判李推官錢會總浙閫都元帥提兵平饒信盜駐慶元道出於虞父老遮拜道左具述其事閫切即日成文書希元親往白丞相府可其議然又不敢輕妄也博訪通邑士夫先達耆老諮諏林壑宿儒聞人按圖合說倚山接水率循漢唐舊蹟西自古源院亘眠牛山後

而止焉則南嶼瑞象諸水可西入湖矣南自古源院對前村由橫河港泥橋而止焉則東西二溪象田諸水可南入湖矣東自泥橋沿至半湖祠荒墖港東山頭而止焉則水可洩東西涇而通運河矣北自東山頭沿至諸家葑甑底山虞家溝而止焉則水可洩華渡口而通孟宅閘矣或以爲湖不必盡復惟擇窪者因勢以浚之則水可以蓄而湖之名不廢稅易足供而民力可省殊不知湖之復所以壯一方之勝豈瑣瑣於涓滴之間而已耶夫土地者天子所有而農者奉耕出其什一之稅以供上湖復則田廢田廢則無其稅可也分田定賦額有正辦虞壤褊小有未經插量民得開墾私相佔植者有詭名寄戶飛隱走貼虛增漲并之弊者有堙塞荒廢低窪溺患改築爲閘者凡此皆法不容縱可以抵易補還則徵科有據常賦不虧而民無失業之怨夫大禹平治水土而畎澮溝洫咸盡力其在成周稻人掌稼下地而豬防遂列悉定制焉然則今西溪湖之復希元非敢利斯民之德而爲之也不忍斯民之困於焦釜云爾　且有賦以紀其風物賦錄不明

仍元舊陞田輸稅者久之嘉靖二十三年陳令大賓力圖恢復甫經始被徵而寢萬歷十六年朱令維藩毅然以復湖爲己任邑人京兆尹陳絳有復湖議議曰上虞建邑自秦漢其自百官而遷治今所則始於晉太康中顧其地勢高仰河流傾側霪雨暴漲則直瀉姚江一經亢暘則三農束手議者恒苦於水之不足而不知一邑之水自足以供一邑之用所以處置水利者有未悉耳邑之西南古有西溪一湖合三十六溪而爲豬其源不爲不長亘七里爲塘其區不爲不巨灌四都三鄉而爲用其承蔭不爲不廣且山川所聚即風氣所凝風氣所凝即人材所毓即使雨暘時若旱涸無憂而西南水土長生之地汪洋浩蕩滙爲巨浸亦可以儲精氣之美而資人文之盛此與杭之西湖越之鑑湖均爲一方勝槪而係於民生則尤要者也故有是邑即有是湖古人建制非無深意而宋末偷安重臣駐牧元政不綱扈臣逐利以致紛

紛佃佔而此湖遂廢爲田自此湖廢而諸溪之水無所歸泛濫而横溢矣自溪水無所歸而運河之源堙河流易竭矣自河流竭而農苦於灌溉旅困於舟楫嚣嚣載道迭迭矣水淺而土瘠風散而氣漓而人材之鍾美者亦因而寡矣家鮮蓋藏仕乏卿相東視姚江西視山會乃或獨處其陋非人則然地形實使之也元長林先生希元來令吾邑慨然興思謂此湖決不可廢於是詠湖有賦復湖有議賦以賦此湖之風物議以議此湖之利病雖一時未克舉行實萬世之長策有在於是且冀後世復有長林則此議不爲空言耳我國家龍興悉取天下之田而籍之而時當草昧無能爲之建白使此湖一仍元舊陞稅爲田而莫可誰何至嘉靖二十三年江陵陳侯大賓蒞虞詢咨民瘼因知其故方圖規復而以行取不果然當時父老之所講求十已備其四五後陞總憲復慨前議移文董成而以喬遷未竟然當時父老之所規畫十已備其六七要其所以將成而未克有成非多議論少成功亦機會之不逢耳蓋邑中田有定額賦有定數而復田爲湖則田不容不爲之抵補不容不爲之

處分見今履畝丈量清釐宿弊凡勢豪之所侵佔奸胥之所飛灑咸登冊籍故以今日之所賦而較諸前日之舊額所溢之數奚啻千數今卽弗奪其田聽其納價而陞稅或以荒閒湖田從便抵補無不可者向時湖田之價極貴者不過三兩而此湖之成旱澇無虞則爲膏腴上田歲有常收價當倍値卽酌宜加派人情亦無不樂予者此湖地形如釜淫雨彌旬溪流羣注而低窪之田漫焉淹蕪十無一收徒賠糧稅以其所納之價抵此湖田之直卽人情宜無不樂取者夫爲可爲於可爲之時與爲不可爲於不可爲之時此其事相半而功相倍也蘇子有言古之所謂從衆者非從衆多之口從其所不言而同然者乃眞從衆也卽此復湖之舉非無衆口不齊然成天下之事在權利害之實利苟可興而或不勝其害則如無興害苟可除而或不勝其利則如無除二者較若觀火若千萬世之利或以一旦畏難而遽止則千萬世之業隳矣億兆人之利或以一人私意而搖奪則億兆人之望孤矣夫可與樂成難與慮始凡民之情大抵皆然而不有一勞則無永逸此立功之士所以撫

機而投會也白樂天浚西湖而其名與西湖並流孔愉築鑑湖而其名與鑑湖並著有能繼二公之後立二公之績則此名與此湖豈不永永無極也哉朱令虛心采用然成田甚久恐有梗議者不得已而以丈出上妃白馬夏蓋湖諸逸田及十二都隱地補之以塞衆口築隄建閘脩濬諸港而湖始復然識者猶以不得還其故址爲憾云詳具朱令自記及姚江大學士呂本記山陰徐渭記朱記曰方今屬內守土吏疇不以奉揚德意周咨民隱爲亟然每至於興革之大者輒相與閣手而不敢取置一晷何以故誠重之也萬歷壬午余受命宰上虞適歲事入覲癸未春旋徂夏弗雨民以旱告則合境內薦紳及於士庶徧禱於山川羣祀得雨弗洽則爲之環視而歎曰邑故有西溪湖儲衆山之水爲負郭三鄉利乃今湮塞不可復興遂稽往牒得湖

之興廢顛末於是率吏士耆老往尋湖源周廻四顧又得前令見吾陳先生昔所規畫於是上其事於郡及撫按藩臬監臺諸公咸報可乃決策步自湖山之麓爲湖東界折而北至鄭家堡爲湖北界由北而西至龍舌嘴前村高阜爲湖西北界由西而南至長港埭爲湖南界直長九百二十七弓廣損三分之一周廻共計一千七百五十二丈內復湖之田總計一千六百二十六畝第田故有賦缺孰與補田故有値奪孰與償因檢諸額冊得丈出夏蓋上妃白馬三湖諸逸田五百餘畝及十二都隱地九百餘畝旣補且償原額僅足遂卜日諏衆祭告而舉事先築塘每里遞計一丈二尺高廣有則界限有址又相度其地之遠近以爲難易難者先倡易者從焉給穀以資饘不旬月功乃竟凡塞諸水口七道爲之港以通水源則西接南嶼諸溪南引東西兩溪豎坊以爲表按成議也爲之閘以防蓄洩在北爲鄭家閘在南爲龍舌閘責里遞以爲守俾勿壞也建官廳一所以備駐節扁曰復古志厥初也嗟夫天下事建議非難主之難任事非難成之難是役也上得當津者主之弗搖下

幸斯民之相與信而贊其成也豈一手一足之烈哉嗣予吏茲土者能次第修舉盡復古昔之盛余有待也或曰虞邑山贏水詘堪輿家蓋諱言之今湖復而西南境上汪洋澄澈可以迴風氣培地脈昌文運將從此始日者倘徼惠而符焉無委口於余一人則厚幸矣呂記曰粤稽輿地志上虞邑治西南三里有西溪湖中通九十九港昔令戴延興築隄七里捍水又名七里湖溉田二百餘頃宋慶歷中湖之利歸於學備養士之資紹興初割三之一給功臣李顯忠牧馬顯忠挾勳併據僅以緡錢七百歸學宋末民私其田以爲己業者輒獻之福邸内附後籍入太后宫供輸租穀歲久籍田力薄耕夫失利終歲勤苦先是徽國朱文公講學湖上後提舉浙東嘗加浚治上虞德之迨元豪民盡吞入喙而湖蕩爲芻牧場矣由是承蔭之田大失水利至正間天台林公希元以翰林出宰是邑覽觀故跡志圖慨復既爲賦以誇湖之勝又爲條議不可廢者五屬望將來明與二百數十年尹茲土者凡若干而賦與議具在讀之而犁然有當於心毅然冀復者誰歟淮陽朱侯以甲科初令於鄞

歲壬午復領茲邑事癸未覲旋徂夏弗雨民苦旱暵徧禱而雨尙弗洽侯喟然曰邑上接羣山下傾姚江地勢高仰水易乾涸故有西溪湖儲山水爲負郭三鄉之利湮塞雖久乃今顧不可復耶或言其難者以田故有賦缺難補也田故有値價難償也雖然吾檢額冊以丈出夏蓋白馬上妃三湖諸逸田五百餘畝泊十二都隱地九百餘畝補賦償値原額僅足湖豈不可復耶遂率吏士耆老周覽湖源并稽前令見吾陳侯曩所規畫上其事於郡及撫按藩臬諸公咸報可乃卜日經營給穀募役首築湖隄次塞水口建閘以備蓄洩濬港以通水源守以里遞表以綽楔駐節有廳扁曰復古不忘其初也始於癸未仲冬畢於甲申季夏輪廣共計一千六百二十六畝詳具侯記中嗣茲旱潦有備轉瘠成腴非特歲乃有秋而斡旋風氣培固地脈物產人文將並隆於無疆矣厥功不其偉乎鄉大夫大京兆陳公輩相率父老諸生請記勒石以詔後來余老於姚江之上而侯愷悌之澤被及鄰封敢以耄辭乃言曰柳子有云賢者之興而愚者之廢廢而復之爲是循而習之爲非然復豈易

言也哉非明則不足以燭物情非斷則不足以權利害非勇則惑於浮議而利有所不究非誠則怠於期會而功有所不濟侯具衆美而興廢於一旦非偶然也歐陽子曰作者未始不欲其久存而繼者常至於怠廢西門豹之遺利漳水白居易之議明聖湖使不得史起蘇長公追始作之心而修築之民安得至今受賜矣乎侯之於延興希元曠世相感何古今不相及也延興有靈必當陰相是隄以爲虞民萬世之賴焉繼侯而政者尚其三復希元之賦後之視今猶今之視昔可也侯諱維藩字价卿號貞石丁丑科進士善政惠民遍於兩邑此其一也徐記曰虞之爲縣壤高河水東下舊有湖曰西溪者當縣西南主蓄水以備旱三鄉負郭之畝恒賴焉宋末李顯忠既請其高者以牧福邸仍之遂盡佃以莊湖始廢旱輒不登元尹林希元欲復之不果入明田既稅則湖益不可復矣萬歷癸未夏旱知是邑者爲朱侯既合衆以禱乃更求長策得湖以請於府某公某若省及分省諸公並得可遂復湖湖東起湖山麓北抵鄭家堡迤北以西至龍舌嘴前村之高阜南盡長港埭縱而長

得弓可九百二十七衡而廣損縱者三之一周而度之爲丈者千七百五十二當湖爲田時計其畝可千六百二十六茲復田以湖宜仍抵湖以田也而夏蓋白馬二湖適得新括浮畝可五百有奇第都之區曰十二者括地復得隱畝九百餘二百直買之以抵田而稅有隱羨於某所者若干括得之適相當復用以抵稅蓋二抵具而湖告復始果他若水道宜塞者塞之凡七所宜引以佐湖者引之凡三十有六所閘之以瀦以洩坊一以表築室一以省責其成於里之正長畚臿所及計高廣遠近而課之並有差費取倉粟庸取募丁閱幾月而訖事是役也不勞民不耗公取浮修墜下相地紀上佐天時而中免夏畦之桔槔使虞邑千百年之久魃雖苛不能必飢與殍於虞民也是孰使之然哉衆謀記於予予謹記曰侯名維藩字某淮安人丁丑進士來知虞治廉平而興學獎士尤諄諄云○　國朝咸豐間令劉書田重參用萬歷府縣志備稿

修西溪湖石閘有記　記曰環虞邑而湖者七十唐宋以來號稱澤國小者無論其大者如

北鄉之夏蓋上妃白馬東鄉之大小查湖灌田多至數萬畝或萬餘畝少亦數千畝誠沃壤也我　朝承平已久生齒日繁豪强者佔而爲田吏私其利有司莫能察洎至嘉慶年積弊日深遂丈量陞科湖之留餘不啻杯勺偶遇亢旱皇皇然以缺水爲憂今所存者獨西鄉之皁李湖西南城外五里許之西溪湖耳皁李湖土質堅鄉人利陶埴且鄉約嚴故開墾少而湖水多旱亦上收田肥沃甲一邑余未至其地莫知其湖之形勢西溪湖東西長十里南北亦五六里設兩閘焉東曰上半湖閘西曰下半湖閘湖高田低灌漑甚易田肥沃亞皁李湖較他處獨勝今年春聞上半湖閘牆有洞穿透士人恐水洩湖涸也暫以稻草和泥塞之余往觀諭以宜急修否則石閘傾圮則工益大而費愈難集首捐廉俸五十金以爲之倡且告以法曰良醫之治病也必求其病之源而鍼砭之病乃瘳若舍本治標雖目前稍安久則必敗庸醫也閘有漏洞其下必有物如蟹獺者穴乎其中每見洞在左而漏在右洞口窄而腹内寬故必尋其洞之源委掃其穴而平之洞乃可塞此良醫治病求本法

也不然祗曰洞在是也則旋塞旋漏吾未見其能塞之也且此洞非石所能塞也石有稜角有稜角必有空缺有空缺必有滲漏故塞洞惟三和土最宜質堅體實中邊俱到誠能内塡和土外護大石則牢固完密永無傾圮之患此又良醫對症投藥之妙用也士人曰公言是也謹遵法以行閏巳擇日興工矣惜余赴山陰任不及見其工之告成也然余觀其耆民多老成人而總理其事者候選訓導夏君廷俊有才智能和衆吾知其事必有成也故書而記之○新增

東明湖在二十二都東城外奎文閣後運河積水之委也以稍潤故名湖萬歷志

白雲湖在二十二都南城外巽水菴下瀦樓山諸澗之水元時林尹希元疏玉帶溪通是水於城中明嘉靖間鄭

令芸成城復爲二竇以納於運河後漸淤塞萬歷二十八年胡令思伸重浚玉帶溪築堰於其下流爲石斗門以啟閉水得停蓄而清澈因名爲湖分流於城以培風氣邑人鄭一麟有記

記曰夫百雲湖者邑城南之湖也湖之源出百樓山山去城十里岡巒巑屼若屏障開聳峙霄漢爲邑治所賓焉羣壑之水交注而下於溪淪漣洞瀠滙於城下浸爲巨澗無隄以防至則馳而東若過客不舍而去水由山出靈氣洩乎水入其境無以納受山亦因之渙散形家者多非之故老言勝國時林侯嘗疏玉帶渠通是水於城中日久湮於民居世廟時閩中鄭侯成城爲二竇以納水亦漸以淤塞萬歷丙申歲新安充寰胡公以世家名儒成進士來令吾邑甫下車廣諮民隱邑中利弊興革一新旣稔知其狀一日出南郭以觀其流問源望山慨然而歎曰百樓邑之案山鍾靈毓秀是水正當巽方形家目爲三

陽御堦實文明之徵無計蓄之安得貫城而入弗入則渠不濬終於不通遂覽圖志考故址籌略既定乃下教邑中授執事鳩材趣工先築堰基固以石隄捍以斗門水始汪汪然蓄爲湖矣復浚玉帶渠使循故道閭右無壅每時雨降湖水湧入環流於學宮之前折而西復東出注之江以入海工既竣公閱而樂之因民之曰百雲湖士庶懽悅且歎公來之晚也相與築室於湖上肖公像其中將以時祀而示瞻之以比於觀河而思功云

由巽水閘而上曰溝瀆涇南山諸澗之水奔注而下溪塍衝潰緣塍之田沙淤就荒　國朝康熙十年七月鄭令僑率僚佐王衡才張鳳麒相度形勢捐資鳩工市木爲杙陷土中編以竹篾畚土版築居民協力不旬日而沙塍告成後水道如故而湖面被沙石堆壅寖失其舊

萬歷志康熙志嘉慶志備稿同治六年邑紳羅寶森等請令王嘉銈設法疏濬新纂

蛩子湖在二十三都距縣東十八里一曰潤滋湖周廣十七畝東南分受四明西港之水豬而爲湖中有泉穴亢旱不竭溉沿湖田四五頃新纂○按舊志所載延袤十五六里既與十七畝相碍勘所載港壩於今湖又絕不相通今刪正

小越湖在縣北三十里又名小穴湖萬歷志○國朝謝聘小越湖夜歸答沈仙源詩乘興菱池夜放船當頭皓月滿弓絃湖波瘦寫雙雙影沈約腰支謝眺肩

黃婆湖在鎮都五夫市南山谷中有清泉不竭其流從高

壍下凡三十六疊溉田至千餘畝萬歷志

陳嶼湖在陳嶼山下周三十畝溉田百餘畝萬歷志

下湯湖在鎮都方圓一里萬歷志

西燕塘在鎮都止三分而源出寶泉溉田甚廣萬歷志

謝陂湖在縣北三十五里舊經云謝靈運莊也自湖至謝氏西莊一十餘里

任嶼湖在縣西北二十七里舊經云寶歷二年縣令金堯恭開置溉田二百頃

黎湖在縣西北二十里唐縣令金堯恭開置

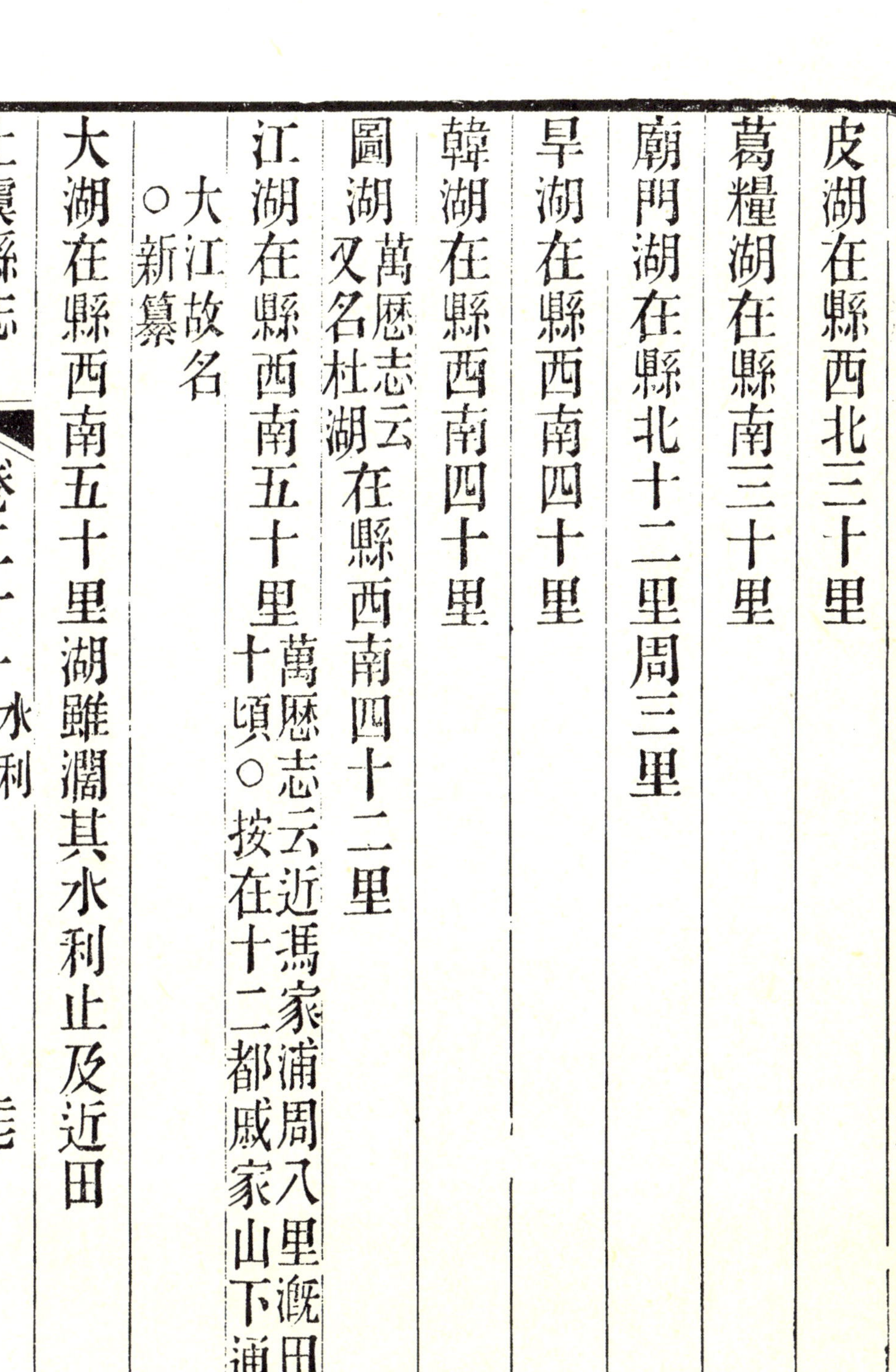

皮湖在縣西北三十里

葛糧湖在縣南三十里

廟門湖在縣北十二里周三里

旱湖在縣西南四十里

韓湖在縣西南四十里

圖湖萬歷志云又名杜湖在縣西南四十二里

江湖在縣西南五十里萬歷志云近馮家浦周八里溉田十頃○按在十二都戚家山下通大江故名○新纂

大湖在縣西南五十里湖雖瀰其水利止及近田

按謝陂以下十一湖均見嘉泰會稽志萬歷志水利篇僅載任嶼云任嶼府志作金嶼此外圖江二湖則附見山川篇中犂皮二湖及旱湖韓湖大湖等則附見水利篇末總論中今皆表而出之

田家湖　葛家湖俱在十八都已廢

太康湖在縣西南四十里

萬年湖在縣南五十餘里縻家山頂一名大胆湖

臺墅湖在縣西南二十餘里近新窰周一里溉田一頃

鳳翎湖在縣西南鳳凰山下

坯堭湖在縣南

思湖近西洋湖在夏蓋山西

按上七湖均見萬歷府志及萬歷志山川篇

畢湖在縣西南四十里嘉慶志

萬歷志按虞之爲湖者亡慮數十而湮塞已過半矣今卽其見存者繫之以里或廢而不存者繫之以名雖陵谷滄桑漫然莫辨而因其蹟之可循者以復其舊庸非議水利者之所取證耶○徐待聘曰余讀陳公槖請罷湖田書與李公光復湖田疏思深哉二公之爲民也又嘗閱晉史謝靈運從文帝乞回踵湖爲田會稽守孟顗堅不聽有陳令者不奉朝請悉罷境內湖田而强帥勒之不變嗟嗟彼知有民不知有官耳虞田如干萬其灌溉咸仰給於湖昔人不惜膏腴割爲巨浸誠爲一方不爲一家計萬世不計目前也今上妃白馬僅留一線旱李尙民與官爭而夏蓋及查沙西溪諸湖雖汪洋千頃而射利之豪方眈眈從旁睨而視焉守土者可漠然置之不問乎大槪湖有源有蓄有洩而塘而壩而堰而閘而溝皆由湖設脫湖址佔爲田則靡所容渧塘閘圯則

又滴不勝洩溝壩毁而竊於奸民則彼潤而我竭是惟長民者如孟守陳令不畏强禦勿使蹄涔蟻穴釀爲漏巵庶幾虞民常有秋乎

右湖之屬下

上虞縣志卷二十一　輿地志四

上虞縣志卷二十二

輿地志

水利

三义港在城中金罍山東源出上舍百雲諸溪由蜻蜓漕入便水門稍折而東迤北過來學橋支港三义者是折流而北東滙通澤門西南來之水出望稼橋達運河新纂

四汊港在一都北受蔡庵岡八支山大樓灣之水西北受唐家灣之水東接大查湖湖水入焉有張家湖需南出永豐橋入十八里河橋內二百餘步有閘蓄水以時啟

閘

按萬歷志一都有沈家港七里港云發源白馬湖漑永豐鄉田今查七里港在三都沈家港一都無攷而白馬湖之水斷不能流入一都永豐鄉亦非一都界從删○新纂

楊家溪港在二都萬歷志

小越港在三都萬歷志　蓮花港在三都水利本末　湖門港在三都刊補

沈奎曰小越港湖門港西與七里港俱在三都東七里港屬鎮都此河由小越閘洩夏蓋湖水至柯家閘止自西而東脈絡貫通舊志遺湖門港而七里港誤作一都

中堰港　徐虎港　陳倉堰港俱在五都萬歷志

彭澤港　嵩下港　吳港俱在六都萬曆志

徐澤港　温涇港　賣堰港俱在七都萬曆志

五乂港　張墓港　菱湖港　蔡林港俱在八都萬曆志

大小板港發源皁李湖溉上虞鄉田　徐義港　楊涇港　華渡港俱在十都萬曆志

案十都又有瀾漕港在湖田三社引夏蓋湖水入前江新建後郭諸堡東爲梁家山港闊而易淤旁分支流數十條溉田萬餘畝道光八年令周鏞濬治之光緒十三年令唐煦春率士民復加疏濬視舊更深永豐港在湖田二社引湖水入葉家埭等堡新掘港在湖田頭社引湖水入施家堰炭堰雁埠諸堡○新纂

東涇港發源西溪湖　西涇港發源西溪湖　虞家港俱在二十一都萬曆

志

黃公橋港　昌福港　黃家橋港俱在二十二都萬歷志

九曲港距縣東二十里會四明七十二溪之水爲四明西港上流向有石山沙壩旱則聚沙築之高不得踰三尺五寸　四明東港一曰半溪距縣東十八里發源四明雪竇諸山會烏膽山之水自邱家灣轉水閘北注過張相七星二橋至烏沙壩納冉溪之水復北流至黃泥壩折而西南至三汊港與四明西港合○新增　四明西港一曰龍溪距縣東十七里東承九曲港西流過萬安橋經韋䭾潭灌永興閘折而北過西石橋經永和市至三汊港與四明東港合西旋出永濟閘至呂家橋入通明江俗稱四明港口○新纂　案四明地勢東南高西北下諸山溪澗之水盡出通明而上列三港爲咽喉積雨則合流傾瀉急湍橫溢掠隄齧岸原野爲壑禾稻淹沒或二三日或七八日歲以三四計旱則上流諸溪同時堵蓄水勢驟縮司壩閘者稍

一遷延便可脛涉又咸同以來四明茶筍諸山新墾者衆浮沙隨潦而至港底淤積成灘即及時堵塞而所儲不多水車挹注旬日而涸鄉人漸苦之○新纂

章家港距縣東十四里由高墩港永興閘分受四明西港之水○新纂

横涇港四明東西港章家港並發源四明山灌始甯鄉田○萬歷志

包村港在舊通明之東南自孟宅河下從東過大郎橋至包村約十里溉田二十二頃舊水源東瀉爲确土萬歷二十四年邑令胡思伸詢得其故置新安閘蓄水田爲膏腴○萬歷志山川篇

石溪港在縣東十五里長四里闊四五丈中有石溪太平二橋○新纂

横山港在縣東二十里通石溪港長二里闊三四丈○新纂

俱在二十三都

蔡家衙港五夫志云即應家漕之南水入五夫河

五夫港五夫志云有東七里港自東北新堰起西南出五夫河有西七里港自西北夏家起南出蔡家衙入五夫河

俱在鎮都萬歷志

右港

望稼橋溝　清河溝　佛蹟橋溝備稿案此溝舊志誤屬二十二都以上皆郎玉帶溪浴堂橋溝備稿案郎青龍潭俱在縣城中萬歷志

張家溝備稿案郎今張家壩戴家溝　徐孟溝　梁鳳溝案郎新通明後河受蘿巖諸澗水達於十八里河今堰下水口通濟橋俗猶呼梁鳳橋唐家溝　何家溝

姚家溝案在夾塘叢桂坊七板橋下放查湖之水灌溉農田俗名放水路口今溝尚存泥淤待濬小查湖溝俱在縣東一都萬歷志

孔家橫塘溝在縣北二都萬歷志

臺塈溝　大善溝俱在縣西南十二都萬歷志

還珠橋溝備稿案即今孟閘下河清河坊溝四水閘溝俱在縣東南二十二都萬歷志

橫路村溝在二十三都橫路村南田地甚确自康熙二年鄉人於郭山下溪中橫作暗溝至姚邑界上鋪砂石深丈許得溉田百餘畝道光十六年重修光緒十五年大水沖塞十六年五月復大修早晚禾賴以半熟○新纂

夏蓋湖三十六溝詳夏蓋湖○新纂

右溝

簞浦在縣□五十里嘉泰會稽志○案萬歷志六都有簞浦疑即簞浦

姚家浦一名謝浦陳家浦槎浦詳見山川達浦俱在縣西北六十

里嘉泰會稽志在六都萬歷志

思湖浦在六都萬歷志

花浦　崑崙山浦　趙官人浦　嵩浦俱在十一都萬歷志　國朝范蘭花浦詩平浦迂迴何處花柹園柏陌野人家年年十月迎秋社廿里霜紅鬭錦霞

杜浦詳見山川○案杜浦今在十一都　項家浦　周郭浦　呂家浦一名吳家浦　顧墅浦亦作灘詳見山川　俱在十二都萬歷志

新河浦　鄭家浦　傅村浦　白馬浦　趙浦　戚家浦

葉浦俱在十三都萬歷志

十字浦　斷家浦　葛家浦　下塘浦源出十六都諸山過蒙池礪出迴瀾

閘入江○新纂俱在十四都萬歷志

東黃浦縣東五里○案當作二里西黃浦縣西五里俱在二十二都萬歷志

右浦

倒轉水在縣東二十餘里賀溪之東其水東南自四明歷白水而下西北自建隆歷賀溪而下匯於箭山獨一水自西北發源過烏牘逆流而南反合於箭山之口然後縈迴九曲注於姚江爲世所無萬歷志○案賀溪之東東字當作北西北自建隆句西北當作西南○備稿案曰南門外百雲溪水自南而北經南釣橋分流折而入西復曲折入城下水竇蟠旋西南半城出望稼橋達運河亦一倒轉水也

建隆水在縣東二十餘里嘉慶志。滙於賀溪至箭山謝家埭地名楊河承蔭田畝數百餘頃萬歷志○案滙當作匯。建隆水有東西二流至賀溪始合

白水在二十都距縣東南四十里源出姚邑大嶺每旭日和風望之如匹練懸空高可百丈流冬夏不竭夏則灌注田畝冬則匯入溪流村人甚賴之新纂○互見山川

右水

竹湖潭一名竹衕湖又名瓦窰湖萬歷志。在縣東十里舊有土塘堵瀦運河之水以資灌溉歲久圮　國朝乾隆二

十六年邑人劉度陳弈募捐修築並請邑令撥百丈塘章疑宇字字三千八百二十六號田二畝五分合塘長備種輸糧作歲修工食之資嘉慶志湖已湮廢塘僅如隄塘內有小溝一帶旱時官爲開放則水由小溝達於下河然非上官大差不得私放備稿潭在西小壩西低窪通十八里河姚民屢次盜決光緒七年邑紳劉煇等照舊堵築新纂○餘見竹衙湖西小壩

波羅潭在縣南四十里徐邵灣村側大五尺深三尺溉村前田大旱不涸新纂

南潭在縣南三十五里管溪上流塔嶺石佛廟山下生員徐增耀浚溉塔嶺畈田新纂

廣塔潭在縣南三十五里管溪上流塔嶺下生員徐中樞浚溉塔嶺畈田新纂

巽湨潭在縣南三十二里塔嶺上莊後溉沙田衕田新纂

冷水潭在縣南三十里兒峰山下生員徐旦浚溉溪西畈田新纂

鹿花潭在縣南三十里方山下今爲山沙充塞新纂

石龍潭在縣南三十里石龍山下管溪中深不可測新纂

長潭在縣南二十五里李溪深與石龍潭等新纂

葛樹潭在縣南二十里釣臺山左新纂○互見山川

疊石潭在縣南二十里疊石山下周四百二十步溉田數百畝新纂

柹樹潭亦名長潭在縣南十五里海螺山下舊爲湖溪下流今瀦成潭長廣數十畝深不測溉田數千畝新纂

泠潭在縣南二十里任家溪下流廣數畝溉田數百畝新纂

檀樹潭在縣南十五里灌溉近田大旱不涸新纂

漩井潭在十一都距縣西南四十里大旱不涸溉田百餘

潮沖潭在九都塘外距縣西六十餘里東西各一道光間
畝新纂

被潮衝決潭大周圍里許不知其底新纂

右潭

張家井在縣東二十里曉山溉田一千畝大旱不竭萬歷志

朱家灘在三都距縣北三十餘里爲七鄉水利之吭灘皆
石骨誠一置閘則所賴不淺惜未講耳萬歷志

楊家瀝在二十二都距縣東二里舊有土塘堵滀運河之
水歲久圮　國朝乾隆二十六年邑人劉度陳空募捐

修築並請邑令分撥百丈塘羌字三十三號田二畝二分七釐令塘長與孟宅閘閘夫合種輸糧作歲修工食之資嘉慶志

九字瀝在縣西六十里當城市東水勢環繞形成九字新纂

南池在前江南湖墩上兩池並列圓而深水質較重大旱不竭遠近多取以釀酒相傳泉通龍山有闕夏蓋湖地脈　北池在前江北　元寶池在葉家埭東南　雙蓮池以下諸池俱在江塘外近池竈地可栽稻灌溉較內河尤足　老倒池　龍迴池　南大池　半海池

鉞斧池　四浦池　茶亭池　車盤池俱在十都新纂

金壺池　銀壺池二池以形似名源出蓮峯山亢旱不竭溉田數百畝在二十三都

新纂

三畝蕩在十六都牛步大實不及二畝泉出蕩底愈旱愈湧挹注不盡農田咸賴灌溉地近隱牛谿中隔一山相傳蕩與溪通新纂

南蕩在十七都大經畈周八里碧水澄泓中有小山其狀若浮因呼浮山山麓村落數十家山有石曰石星新纂

新燕蕩在十八都湖溪村西距縣南二十五里面圓廣丈許溉田六七百畝大旱不竭相傳順治閒開濬掘至深處忽有雙燕飛出泉即暴湧泛溢因沉石鎮之故名新纂

麻蕩在縣南十八里向盧村西嶼口蕩有三大各數畝溉田千餘畝新纂

藕蕩在縣南二十里向盧村西二里藕蕩嶼周六百餘步溉田數百畝新纂

右井　灘　瀝　池　蕩

海塘在縣西北甯遠新興二鄉東抵餘姚蘭風鄉西抵會稽延德鄉元大德間風潮大作漂没甯遠鄉田盧縣役合境之民植樁畚土以捍之費錢數千緡完而復圮至元六年六月潮復大作陷没官民田三千餘畝餘姚州

判葉恒相度言海高於田非石不能捍禦府委恒督治適徵調去縣尹于嗣宗募民出粟築之至正七年六月大潮復潰府檄史王永議築永勸民田每畝出粟一斗以相其役伐石於夏蓋山其法塘一丈用松木徑尺長八尺者三十二列爲四行參差排定深入土內然後以石長五尺闊半之者平置木上復以石縱橫錯置於平石上者五重犬牙相銜使不搖動外沙窊脊者疊置八重其高逾丈上復以側石鈐壓之內塡以碎石厚過一尺壅土爲塘附之趾廣二丈上殺四之一高視石復加

三尺令潮不得滲入塘成凡一千九百四十四丈民有謠以頌其德謠曰王外郎築海塘不要錢飲粥湯夏泰亨撰記記曰上虞縣重作海隄及二水閘成父老具其事實屬余爲記按上虞負海爲邑其北爲潮汐上下之地舊壘土爲隄以障之興作修治歲久沿革不能詳焉國朝自大德以來水暴溢則隄岸時有衝潰既治輒壞至元又元之六年六月風潮大作其地曰蓮花池等處齧入六里許橫亘二千餘丈並隄之田莽爲斥鹵歲加繕完民遂罷於築隄之役至正六年民杭庠等羣訴於縣縣上其事於府時餘姚州濱海諸鄉同受其病州判官葉恒與民議以石易土俾凡有田者畝出斗粟或輸其粟之值鳩工伐石更爲之而工遂成府令上虞縣循其故實仍檄葉判官董治之會葉君以公故弗及而去明年秋民復訴於府郡守瓦剌沙公與幕長吳君中議以府史王仲遠爲能卽以委葉判者委之仲遠承命既至卽與監縣偰烈圖縣尹張叔溫集民之醕謹更事者商究經營之凡出粟之家無

敢有後計其值總得中統鈔三十二萬九千五百貫有奇掌以傳壽昌盧安翁而公其出納採石於夏蓋山浚溝浮舟以進售材必良擇匠必精趨事者無惰受傭者無怨仲遠旦暮程督食寢起處與工作同事雖更歲時冒寒暑卒不以勞勩爲憚其爲制則錯植堅木以爲杙入土八尺卧護側石以爲防高與杙等然後疊巨石其上縱橫密比穹厚堅錮復實剛土雜石而築平之重覆以石隄之崇庳視海壖爲高下焉既成以度計之凡爲一萬九千二百四十尺又卽所浚溝上築土隄以爲內備高廣過之隱然若重城之捍蔽矣訖工於九月之冬

先是縣東門外有清水孟宅二閘受沙湖西溪諸水達於運河而注之江視水大小而閉縱之故田不病旱舟不病涸積久弗治日就圮壞歲必堰土以遏之數費而不能持久父老請乘海隄之便并新之府檄卽以仲遠爲屬是時海隄事雖有緒而工未畢仲遠以農作方殷不可使失灌注之利乃先事二閘清水閘拓二爲三孟宅閘視舊有加累石坊以禦奔流樹石鑿以納懸板爰琢爰甃堅緻款密先海隄一年而成其費則出於縣浮

屠三年助役之項於是海隄二閘相繼告竣而民力稍息矣豈非郡守慕長愛民之切知人之明而委任之力與夫府史以贊決簿書爲事耳仲遠奉承上意率能以身任之殫慮盡力使積歲病者一旦遂獲休息其惠利於人者亦豈小哉昔之良史於凡川防溝洫之功筆之簡書以民力不可重煩民事不可寢弛也若上虞海隄水閘關於一邑之政又烏得而弗書書之非徒著其美也庶幾俾後人以圖無斁焉爾　二十二年秋颶風頓發土塘衝嚙殆盡府檄斷事王芳督治兼縣尹總理之遂與邑人帥闐架庫徐昭文建議請於府府下令如所請度夏蓋湖所溉之田畝出升米於西偏䳡子村築石塘二百三十二丈補葺舊石之傾泐者一千九百二十四丈又築復湖隄二百三十丈計直總費三

萬九千四百四十緡以帥閫史王權邑人俞龢潘翔分董其役夏揚庭司其出納錢敬主其籍算經始於至正二十三年正月竣事於是年冬十月劉仁本有記記曰越上虞之有海隄也其來舊矣西首枕江北面大海患夫墊溺則壘土爲岸以隄防之附隄半里許潴爲巨湖名曰夏蓋世傳神禹朝會諸侯於會稽時輪蓋所嘗駐也湖周百有餘里又重環以小河灌溉田禾通濟舟楫厥利溥哉然而江海之堧潮汐往復遲之以歲月積之以壅闕於是廣斥墳鬻風潮一鼓雖高岸爲決橫流奔潰隄且卑塌既不克捍禦而潮淫於陸散入於湖漸潰爲醎不可以灌而田無有秋之望不可以居而廬值漂蕩之危民乃阻饑罔安集矣故修治之役無歲無之國朝大德間嘗屢壞屢築至正六年崩損爲劇而蓮花池又劇之尤者衆籲於郡請得如餘姚州判官葉恆治法以援府史王永永絜己敏事踰年告成修亘一萬九千二百

四十尺其崇逾丈其廣倍之蓋亦規所甚害者堅石以牢籠耳餘則土隄猶故也自是海鄉之田歲獲屢登民得奠業旣二十二年秋海颶大作怒濤掀簸土隄衝齧殆盡儋以石者亦爲震掉民不堪命又羣訴之縣會府檄斷事官經歷王侯以督制兼尹遂與鄉之人帥閭架庫徐昭文建議請於府府下令如所請俾就綜若事大約謂海之溢害於湖湖之害傷於稼度受漑之田畝出升米工農助力其資畚築材具之費相維舊石隄二千三百二十尺以障之制視舊規稍密以帥閭史王權儒士俞龢潘翔分董其役夏揚庭司其出納錢敬主其籍算侯則一日月一至吏不得擾民忘其勞繼補葺舊石之傾泐者一萬九千二百四十二尺而修築土隄江隄之尋尺不與焉又築復隄二千三百尺爲鵲子村之備而疏河治湖之工役不與焉直新隄之費因米爲錢總估三萬九千四百四十緡而凡爲疏補修治者用悉非在算計內也經始於至正二十三年正月竣事於是年十月功成民用和會讙呼載野父老攜杖謁文刊示垂後固請不獲辭仁本惟鞭石捍海治湖漑田斯政之仁者

昔春秋時白圭築隄壅於鄰國孟軻氏譏以爲仁人所惡今茲役也當干戈擾攘之頃思禦大災患以爲經久圖浚畎澮距江海以爲壑茲固仁人君子所喜聞而樂道者也余往歲凡兩按視上虞餘姚境撫神禹之古迹感葉恆王丞之治隄既爲謌詩以慰民志具載在冊明今幸聞諸父老之言安得不重其請而樂爲之書與

洪武四年秋土塘潰土塘者先是王丞築石隄凡八里餘尙壘土至是復潰郡守唐鐸與縣令趙允文策之易以石委其事於府史羅子眞會趙令秩滿去子眞殫心力經畫之隄築四之三子眞以事赴府府檄縣主簿史文郁繼董其役令張昱丞達貫道協相之自纂風至荷花池計一千三百丈一如元時王丞所築又相故隄之

圮鈌與溝之淤塞輒補浚之越明年冬十有一月而工

訖民歌之謝肅有記

記曰洪武四年秋七月越之上虞海隄潰大傷田稼民以訴於縣縣白於府太守唐公以爲憂乃亟臨海上行視決隄召縣令及父老長於里者諭曰天子命我出守以昭事境內山川之神而爲民徼福也今海乃肆菑於民其告在余余可不禦之耶夫禦海莫善治隄治隄宜先鑿渠鑿渠得土即壘以爲內防然後外作石隄則不患無渠以通舟致石而隄成無難者第以吾民不能無費且勞耳縣令趙允文曰太守所以來者將隄海以彌菑又不忍勞費其民然海隄於民雖暫勞而終逸之雖暫費而終惠之公又何憂乎父老及長於里者曰願爲海隄也得驗田以治粟何費之惜差力以共作何勞之辭以廉幹者爲程督之何事之不集惟太守所令而已公幡然喜曰凡若之言吾之意也吾與汝圖之即還與僚佐議無不謂便遂以事委府史羅子眞子眞奮曰是吾鄉邑事也且太守所委能不盡吾心乎既至則趙令以秩滿去子

眞獨蒙氛霧觸風濤度地合度穿渠一萬三千尺爲防如渠之數於是乎大起石隄自纂風至於荷花池以屬故隄故隄者郡史王永奉檄所築也永見往時隄皆土累故善崩始易以石凡八里餘尚累土則今爲隄處也隄址布杙四行沒土八尺前行既陷側石以護之乃置方廣石於其上外則疊以巨石縱橫上下勾連參錯以拒洪濤之衝激內則取夫石之小者雜以剛土築使堅密完壯仍包以石而與外稱焉其廣四十尺其高視廣得五分之一其長以丈計之至一千三百其石與杙以校數之至十餘萬其用八之力以工積之至十二萬有奇方隄築且四之三子眞以事赴府府檄縣主簿史文郁繼董其役而知縣張昱縣丞達貫道咸協相之夫以府史暨邑之長貳用太守命以勸督事宜其成之甚速也然而率作恐違農時且必在水潦既乾之際間有相故隄之缺圮者與潰之塡闕者輒補浚之以故越明年冬十有一月而工始訖焉是年並隄之田收倍於常民歌之曰彼海之蕩捍者其誰我有賢守作我石隄又歌之曰水既潤下田彼海旁甌窶污邪秔稌以穮以食我

於無疆言徭役罷而耕種遂也已而邑人謀刻石以誌以訓導黃韶所具事實徵記於余余辭不獲乃爲之言曰上虞北據大海海面有湖曰夏蓋夏蓋之南又連白馬上妃二湖而田之西盡江東接陳倉南距羣山北屬海者皆受灌於湖也然湖既通於海海隄時壞則鹹流乘湖而入而田爲斥鹵五穀不育民且告饑矣是則海隄所以衛湖衛湖所以護田其利害豈細哉今隄既成截然潮汐不復爲羨溢之菑故民思其惠利於永久豈非規畫有方任屬得人遂底於成歟是不可以不書故謹記之使來者有所考云　二十四年築隄四千丈改建石閘建文二年西隄又潰臨山把總聞於朝府檄主簿李彬督治未幾簿別調委史陳仕繼其役兩閱月而事竣嘉靖間令陳大賓躬親築隄以捍潮患陳大賓事從萬歷志名宦傳增後土塘時圮石塘亦漸壞其石半爲

士人竊用萬歷四年丞濮陽傳淸釐水利有海塘湖塘

要害議

議曰縣治西北三十里之外有曹娥江江東一帶南自十都起至九都八都七都六都五都北抵餘姚縣界約地一百餘里其沿泊江岸海潮泛漲則有漂没之患内有白馬上妃夏蓋等湖隄防廢弛則有旱乾之憂故沿江之岸當築埂以防潮汐田上之湖當潴水以防乾旱但海塘湖塘年久低塌及至修理圩長閘隣堰隣皆係無產棍徒嗜酒貪利不能號召服衆以致富豪有田者倚强高臥貧困無田者枵腹虛應公差紛爾催勾完狀徒爲虛紙或湖塘遭旱或海塘被衝不惟害稼且致溺民公私俱困今當勘得各該堰閘壩埂等處如西踏浦荷花池思湖前莊鵲子沓浦番花廟董家灣張家埠大河口花弓王家潭譚村賀家埠趙村河口葉家埭備塘者隨即酌處照產丁口派工修築著令居民種插細柳桑柘等樹毋得將灑水草絆剗削糞田抵浪蘆荻竊挑供爨等因又勘得原有會稽縣三十三都犬牙相參本縣七都之間最爲崩損低薄者自章家

墓起至西匯嘴灣底瀝海所北門馬路頭纂風寺五里墩邊止約計一十餘里雖係會稽實與上虞同此一岸海塘相應協力修築此會稽三十三都有關於六都之緊要者合無申請着落會稽水利官知會照例修築并行瀝海所重禁蘆之條方可無礙及勘湖塘南自十都起至九都八都七都六都五都四都三都二都内有長壩等各閘並宜修築外其上妃白馬夏蓋三湖埂如穰草堰杜兼溝計三十餘處坍塌頗多亦應照田丁派工修築并嚴諸閘以時啟閉仍禁張捕魚蝦偷洩湖水并拖拽船隻以致損壞埂岸又勘得有蔣家堰蓮花阜角閘陳倉堰四處係七鄉下流底界喫緊處所亦宜時修築毋致坍塌俱各着近堰隣人等看守獨有鎮都新壩一處向被餘姚隣近强民盜決且壩址曠野難於守禦往往餘上二縣百姓爭訟爲此宜加令築高闊二畝有餘方始無患今後照該田丁每田三十畝派夫一名無田寡丁十丁攢夫一名士宦不得優免其圩長閘堰等鄰各要田産居上公道能幹者爲之則庶平役均而任當矣又縣治之西有沙湖暨運河如外梁湖夾塘之類

亦合如前起工修築外此若十一都之杜浦等處十四
都之敗塘等處二十二都橫涇壩又二十三都永甯閘
等處俱宜照前項　嗣徐令待聘亦有議議曰余嘗以勘
規則施行者也　塘至海上登夏
蓋山北望鹽官城郭隱隱天際而山去海則里許波濤
洶湃亦一邑要害也詢之耆老所恃以障海捍田者僅
有是塘而歲久漸圮不惟修築之詘於物力其石牛爲
土民所竊此與剸腹藏珠者何異嗟嗟今幸海不揚波
耳設颶風大作其關於五鄉民
命甚不小也而得晏然已乎　至　國朝康熙十七年
沙磧峙中流長廣百餘里潮水分嚙兩岸淹沒竈地二
十餘里民田村落廬墓不勝計厥後連年潮患沿海居
民告溺告災迄無安歲五十年間隄岸盡崩荷花池復
成海口與夏蓋湖潮汐相往來湖水受潮成鹹滷環湖

七鄉雖大旱不敢以一勺灌田立視禾苗枯死居民大病五十七年知府俞卿委上虞署令王國樑築之又於內築備塘堅固比舊有加至次年八月海嘯大作飄蕩無尺土督憲滿撫憲朱交章入告請帑易石

詔曰可

命下乃推郡守俞卿督理其事監視工匠則郡丞閻紹僱辦物料則縣令王國樑估値採運則山陰丞李蕙分督趲築則縣丞王宗榮蕭山丞賈克昌梁湖司楊名世廟山司朱蘭三山司黃灝錢淸場大使馮宿重批驗所大使

孫壽隨工相度則邑庠生俞文旦至措置之方出納之謹郡守實主之計石塘三千二百餘丈高三丈闊九尺內貼以土寬四丈餘土塘自曹娥百官團北至瀝海東抵餘姚縣界總計萬一千餘丈石塘費帑銀五萬八百有奇土塘費捐闔邑助役銀九千有奇經始於五十九年二月告成於六十年五月較元至正間所築逾數倍又於夏蓋山建廟以祀海神俞自爲記記曰從來舉大役興大工未有不協人心而能有成者捍大災禦大患未有不邀神佑而能有濟者郡東百二十里越曹江爲上虞縣之西北四十里爲夏蓋山山之南爲夏蓋湖湖水灌田四十餘萬畝故址稍狹里民割田增湖周圍六十餘里環湖而

居倚湖而養戸口數萬課賦二萬有奇虞邑富庶之鄉於是乎在山之北自東而西爲錢塘江自西而東爲海潮在昔安瀾南北岸雜犬聲猶相聞也康熙戊戌歲沙磧峙中流長廣百餘里潮水分齧南岸竈地淹没二十餘里民田五六千畝村落十餘所廬墓不勝計蓋自至正間小有石砌久没波中迨今四百餘年無有問及於斯者矣夏蓋之東潮汐暗長獨至山所陡然衝激高十餘丈或數丈或丈餘一潮莫支患口絡繹居民捧土塡罅旋築旋圮未有甯歲固波濤之肆虐哉未必非守土者之罰也康熙五十一年余以中樞郎奉　命出守越州是歲八月秋潮洶涌傷殘無算聞於紹人爲之大戚冬杪抵任越三日即有事於山陰患塘詳載山陰碑記次年閱夏蓋思湖沙浦等處極盡補苴而無由易石告患告災歲無甯宇己亥秋蒙計典循卓　特旨入覲不越月而海嘯大作沿海村落山陰以易石得全蕭山有舊石塘次之會稽易石未竟又次之餘姚離海較遠又次之惟上虞受害最深既引見復奉　旨還任候陞時督憲滿公撫憲朱公交章入告請帑易石興功於五十

九年二月告成於六十年五月計石塘三千二百餘丈較原估廣築四百餘丈石高二三丈寬八九尺內貼以土寬四丈餘土塘自曹娥百官團北至瀝海所東至餘姚縣界萬一千餘丈湖東西十都暨闔縣均願輸自築樂成之歲百穀咸登文風丕振蒸蒸然洵樂土哉且不止是塘以外邱墟漸復魚鹽蘆葦取之不竭豈非害既除而利即興乎潮患向夏蓋入內湖經餘姚慈谿數縣茲皆無患豈非一邑甯而數邑默受其蔭乎百姓咸曰

皇仁之廣被如此各憲之加意民事有功如此農夫之有慶爰及多方又如此而尤有異者塘石購於山陰羊大柯諸山相去百三四十里航海輓運無潮則淺有風則逆須石十三萬餘塊塊厚闊尺五六長五六尺杭石採於蓋山須四百餘萬觔共須船萬餘艘越明年訖事無有漂溺損傷一奇也岸下水深三丈隔沙磧十餘里磧出水二丈許鋤鍬不能斷正向各憲籌畫疏通皆曰無資也又無法無何起工三月後磧忽崩塌已奇矣少又蕩入南岸一望汪洋之地不期年而平行者三四十里大奇也曹江自東陽新昌嵊縣北流二百餘里經

瀝海所等處匯錢江入海以積阻遂折而東與湖沖塌計開故道非萬金不可迺夫百餘名船十餘隻不一旬而北道暢流東潮有瀉且以資運石之便更大奇也攷縣志夏蓋山一峯崒嵂高出天半狀如蓋又云大禹東巡駐蓋於此因名山北麓有夫人廟規模卑陋相傳祀塗山氏者又云帝相后緡避羿害嘗居此歷數千年民奉甚謹豈禹治水東南神實佑之歟里有陳謝二烈婦者被倭虜不辱肢體裂江濤斯地原有祠至廢後潮汐頻加謂非苦節幽靈鬱結所致歟伍相國文大夫諸公陰靈常在江下俗所謂潮神是也不有以妥之安知不興波鼓浪歟他如山項之辰元君廟百官之帝舜廟前江之陳侯廟類傾圮剝落中庸謂鬼神爲德之盛患不積誠以感之耳余始事時各禱以辭祀以牲醴而塘工一一如願謂非有鬼神以憑之不可烏能敬報其萬一哉夫人廟改建高廠二烈婦主祔於旁楹面以翻軒圍以走廊廟前楹三楹位十潮神護以照牆刪其冗祀時其筦鑰可謂煥然改觀矣帝舜元君各廟又皆重葺一新是役也不借員於他人不購材於別邑監視工匠則

郡丞閻君紹催辦物料則縣尹王君國樑估計採運者山陰縣丞李慧分工趲築者上虞縣丞王承榮蕭山縣丞賈克昌梁湖司巡檢楊名世廟山司巡檢朱蘭三山司巡檢黃灝錢清場大使馮宿重批驗所大使孫霈此皆潔己奉公焦思竭力無有甯晷隨工相度縣庠生俞文旦督工修廟候選州同顧宗孟至於措置之方出納之謹余不敢諉焉石塘費帑銀五萬八百有奇詳在奏冊土塘費捐銀九千有奇詳在各催收生監里老之簿籍俱不贅康熙六十年辛丑十有一月上浣之吉知浙江紹興府事候補副使道古滇俞卿撰　又王文達有記記曰去縣治西北數十里有湖曰夏蓋汪洋千頃灌溉一十三萬餘畝爲諸湖冠第南逼長江北隣滄海無嶺東山纒之固有沙虛土薄之虞故洪水時懷山襄陵五穀不登禹停車蓋於此以治其水而一十三萬畝遂成膏腴則是民之衣於斯食於斯聚國族於斯者皆禹之功也迨康熙戊午間西小陡疊淤塞濱湖桑田多崩於海而湖遂與海通一遇風潮則淹禾稼溺人民漂室廬而發邱墓其復罹昏墊者已數十

年矣前治是土者皆築塘禦之而所用惟竹木泥沙隨築隨壞俞公以夏官尚書郎出守我紹覩虞民之復罹昏墊也慨然歎曰嗟乎恃竹木以抵悍潮曷救子胥之怒用泥沙而障巨浪徒勞精衛之塡是非石不爲功因詳其事於督撫藩臬諸公會同踏勘請諸朝可其奏公卽鳩工庀材身董其役自蓋山抵鵲子凡十五里皆築石塘以遏其衝高一丈五尺厚一丈八尺猶恐不足以禦潮更於臨海者每畝捐銀六分瀕湖者四分其在別圖者或一分二分北自烏盆抵瀝海南自龍山抵西匯凡六十餘里皆築土塘以防其溢其高厚悉與石塘稱方公之創議時皆以難成爲慮及役興而海遂漲論者謂非公之精誠足以感天地而動鬼神烏能使數十里之洪波鯨濤將盡田廬而江海之者一旦遂平沙萬頃哉石塘計費鏹例銀六萬兩土塘計費捐助銀九千七百五十兩經始於庚子三月易十八朔而告成嗚呼偉哉繼是禾稼人民可無淹溺之患室廬邱墓可無漂没之憂矣然則前之衣於斯食於斯聚國族於斯者固禹之功而後之衣食國族依然無恙者實公之力也詩曰

纘禹之緒舍公其誰歟公諱卿別號恕菴滇之陸涼人其治我紹興利革弊除害去惡美不勝舉茲弗具載第就築塘始末記之於石以垂不朽云○孟騤詩纂風一東蘭風西始霸鄉窪且低白馬上妃連夏蓋東湖捍海一綫隄隄延百里飲川霓涙費牛涔土穿蟻穴海鷗啾啾啼吻咳血怒濤齧隄隄敗闕天吳徙宅民舍傾婦子入山餐薇蕨頃傳唇齒邦平土蕩爲海民曰吾其魚高高泣眞宰溺由己溺肝食勤赤手障川福星在巨靈擘祖龍鞭南山徙北海塡不斫淇園之竹不靡水衡之錢神工鬼斧萬杵連六州鑄銕無其堅鵲子村蓮花蕩易塗泥換金湯去年室無竈今來隄上黄童白叟歲歲年年羅酒漿去年田無禾今來隄下紫蠏烏賊朝朝暮暮堆筥筐沿塘萬株柳他日甘棠思誰家小兒女不須六宗師夏蓋石鼓千年啞長隄蜿蜒亘其下從此舐黄牛不煩祀白馬越人操土風郎事諒非假太史採之入風雅千秋不數湯與馬○胡浚詩東有象田西雁步鐵虹雙枕銀車路貝宮月直天吳來不到芙蓉最深處始從漢宋歷元明來塘內外堅如城上妃鏡潔夏蓋紫兩湖不

妨畬與耕比年泥淤三門塞神鰍却恨滄溟窄翻身一笑蹋元黃馬績湯功留不得井泥竈没飛鴻哀使君五馬從西來經營方略詳且密萬夫畚築聲如雷古隄土礫易反覆別命鬼工築寒谷蒼茫媧石裂青天移作蘆灰補坤軸是時颶汎尤洶雄木椿竹絡無奇功鮫妃怒嫌春睡攪燃金莫從珠穴空使君酌水酬靈軫上致皇綸下民隱旋看沙漲惡風迴始信精誠格蜧蜃隄塘陂陁制各殊功成百里皆讙呼雪鼉影隔黃盤礁練馬聲低赤岸湖轉眼橫流成樂國海東歲歲餐明德蓬萊一臂桑田沙荳枝紅兮稻花白　雍正三年邑令虞景星請項築石白濛塘起至姚邑界止　案康熙間郡守俞卿所築塘在蓋山西三千二百四十丈前志誤作二千三百餘丈虞景星所築塘在蓋山東一千四百六十六丈六尺當時請項建造艱苦萬狀前志記載疏略塘內諸民傳聞失實又誤以俞公爲虞公連仲愚有辨載塘工紀略　其康熙五十八年所築東西兩頭土塘七千丈坍中

塌甚多先於二年經尚書朱軾會同撫臣法海議將塘底開深二尺塡築亂石上鋪大條石寬六尺高六尺貼石築土寬二丈高一丈三四尺具奏亦卽於三年夏興工時知紹興府特晉德因條石不易購致且並無一尺五寸厚者緣採買就近臨山衛夏蓋山等處亂石塡中條石托外完工五六分會署撫臣傅欽恐不堅固奏請拆改仍照原議辦理四年巡撫李衛詣塘勘得臨山衛至上虞界烏盆村十五里自村至會稽瀝海所四十五里一帶工程塘底俱係生成鐵板沙土性堅固豪無軟

硬不同之處卽亂石在下亦屬鞏固塘外漲出沙灘離
海三十里十餘里不等非秋汛大潮海水不致到塘奏
請將署撫臣傅欽已拆改正之工並前撫臣法海任內
報完石塘擇其堅固者毋庸拆毀其已估未修並攙搭
亂石已修未拆之工揭去浮面蓋板將碎小爛石檢出
下存墊底石板每層用大條石釘鈴以原議墊底亂石
檢有稜角成塊者㪷配搭砌隔一層再用整條石鈴制
横豎勾搭壓縫㪷成一處誠恐辦工不固委奏帶來浙
備用之雲南教官尹魯監督於秋汛前趕築告竣又原

任兩淮運使何順等捐修石塘二千九百八十七丈用銀四萬一千八百一十八兩亦於三年開工至四年七月報銷（乾隆元年有上諭一道敬錄登天章紀內）乾隆二十七年邑令莊綸渭以康熙五十九年王國棟所築四千七百餘丈塘工因外沙坍近塘身低狹面石欹斜請將低者一律增高三尺塘身牽寬二丈更低者再加一尺五寸動項四千七百三十兩零三十五年七月風潮大作後海塘自會邑纂風起至六都止間段坍損邑令李珠林署篆陳瑞枝前後詳請動支捐項修築（以上參用乾隆府志萬歷志嘉慶志）

備稿○案今後海石塘自纂風學字號起至烏盈濟字號止長四千七百六丈六尺立碑二百三十六號詳載塘工

塘外沙地三四十里不等漲久沙堅鄉人築圩植紀略

木棉往往歷歲久遠仍倒於海滄桑迭爲循環道光二

十三四年以後潮水南趨海循故道三十年秋大霖雨

令張致高深悉海塘危急稟請加修統塘大府以帑藏

支絀飭先報首險於是刪除次要將首險工程自查浦

村東首連字號起至金馮劉村楹字號止稟報八十二

號知邑紳連仲愚能屬以役事並先後捐錢九百緡凡

經修首險一載有餘至咸豐三年海潮直逼塘下護沙

不盈十丈寺前村一帶尤危署令林鈞創捐錢二百緡
旋稟大府劃款五千緡修理前後塘仍屬連仲愚董其
役當是時江塘屢決夫工不敷將海塘次要暫緩而專
力於江塘乃咸豐四年閏七月東北風大作水立雲飛
衝決鼓字號缺口十六丈鹹潮奔赴急用半草半土搶
築燕子窩雖決口不爲災五年正月於缺處補建石塘
三閱月竣事遂續修次要工程是年冬後海全塘完工
而沙地亦遂於數年間漲起令劉書田留心水利捐洋
銀二百番爲興修費七年七月望颶風復大作狂潮怒

發查浦村懷字號漾蕩菴筵字號並有衝漏連仲懇竭力堵禦幸不潰決霜降後統塘修固一律加高而沙地遼闊潮來勢緩得息肩者數十年光緒九年七月兩遇風潮北塘類多坍卸邑紳連芳連蘅獨任捐修十二月興工至次年三月竣事自纂風學字號起至湯家㴩眞字號止凡八十五號一千七百丈用錢三千九百八十餘緡由縣轉詳撫院劉給予惠周桑梓匾額十五年秋霖肆虐閭多決口連芳連蘅捐修石塘一百九十三丈十六年邑紳王濟清督修五都界內石塘二百十六丈

撥用義賑欵以上據連氏塘工紀略及縣冊纂

江塘自十都百官抵七都會稽延德鄉橫亘萬五千六百丈利害與海塘同萬歷府志○案今前江統塘自百官綺字號起張家埠竟字號止工長六千六百二十六丈立碑三百三十二號其間柴塘一千二百六十丈土塘五千三百六十六丈詳載塘工紀略明崇禎間水勢曲割衝決隄岸鹹水直注蓋湖上陳潭壅塞江潮橫溢居民大危時朱鼎祚孫敬等投哀兩臺太守王期昇相度水勢躬親督築并浚隔江之塘角沙水復如故民懷其德爲建祠立碑於前江東北隅倪元璐爲之記水利本末○倪記載祠祀志國朝雍正五年署令許蓋

臣修治聖恩寺前江塘詳請自木橋頭柏樹墳起至前江村止計塘二百十丈聖恩寺前河口起至葉家埭止計塘二百五十丈改建石塘動帑銀一萬四千兩零乾隆二十三年知縣黃福以呂家埠賀家埠舊土柴塘逼臨潮江上有新嵊等邑山水交注下有江海二潮會合項沖撞擊搜削僅存塘面五六尺詳請險處建築柴塘緩處加幫土戧動征收捐錢項下銀七百三十兩零修築二十四年八月呂家埠淡忘罔等字號賀家埠傳習堂等字號土塘共六十一丈又賀家埠堂字號柴塘五

丈風潮沖損知縣黃福詳請於塘工引費項下支銀一千三十五兩零一體改築柴塘二十五年呂家埠莫字土塘忘字柴塘及賀家埠聲堂積福緣善慶等字號柴塘共一百二十三丈五尺風潮損壞知縣黃福詳請一例改築柴塘併加幇裏戧請撥帑銀二千五十二兩零二十七年請帑修築百官老壩頭土塘自前江塘三里起至百官余家埠計長五百數十餘丈二十八年前江土塘因風潮坍損知縣莊綸渭詳請加幇寬厚撥帑興修費五千八十五兩零三十五年七月風潮後郭十都

昃字號土塘八十餘丈七都貴字號起至六都夫字號止一帶石塘被水漫坍知縣李珠林署縣陳瑞枝前後詳請動支捐錢修築三十七年知縣孔繼膺詳請動支塘捐銀一千一百八十兩有奇築余家埠至後郭土塘五百四十五丈四十年賀家埠善字等號坍卸柴塘四十六丈并續坍呂家埠忘字等號柴塘九丈知縣鄧雲龍詳請修築費九百兩零四十一年三月至五月呂賀二埠糜字等號間段坍損柴塘共百餘丈八都雙墩頭墨字等號柴土塘四十餘丈譚村是競字號柴塘八丈

知縣鄧雲龍修築四十七年雲龍又修呂賀畢彼字等號柴塘六十九丈五十年知縣鄒宏贊修築莫字等號柴塘六十一丈五十二年又修緣字號柴塘六十丈莫字等號五十九丈罔字等號五十一丈五十三年鄒宏贊修塘灣履字至取字號一帶土塘四百一十丈五十五年知縣伍士備改建前江孫家渡正字等號舊土塘爲柴塘五十七丈五十六年伍士備又修莫字等號柴塘六十四丈尺字等號柴塘六十三丈罔字等號柴塘五十一丈各支用引費及塘捐銀兩有差是年伍士備

又增修余家埠至後郭土塘用塘捐銀九百兩有奇乾隆府志乾隆以後新昌嵊縣鄉民開墾山場種藝包粟番薯每逢大雨泥沙隨流俱下江身日積日高水愈駛而塘愈危道光三十年秋八月大霖雨風潮大作決大口十有七聖恩寺珠稱夜三號決口四十餘丈內外衝成深潭徑七十餘丈錢庫廟師火二號缺口三十餘丈內外衝成深潭徑五十餘丈其餘缺口二十餘丈及十餘丈不等又間段坍卸柴土塘一千二百餘丈高田水深五六尺漂散廬墓不可勝數餘姚慈谿兩縣盡遭淹沒布

政使汪本銓臨視借庫欵銀三千兩飭知縣張致高交董築復致高屬邑紳連仲愚董其役閱一年而缺口皆合咸豐三年海水齧塘址又決大口三署令林鈞捐錢劃欵議築缺口及修後海塘語詳海塘又以事屬仲愚九月興工踰二年而就七年知縣劉書田與仲愚商水利仲愚乃用鄉八章三畏議創修臨江大牆閏五月興工九月竣事東與後郭辰字號接壤西與呂家埠莫字號接壤成牆三千六百丈而內塘有重關之固劉書田有重修竈地大沙牆記記曰天下有事焉無智愚皆知爲患害而卒至於敗壞不可收拾者皆任

事者利心中之也司民牧者明知爲患害又目覩其敗壞不可收拾之形而不惻然動於中思急起而補救之非有司也虞邑西北兩鄉濱臨江海自後郭村至吕家埠外竈地而內民田竈地有沙牆以捍蔽江海猶民田之有官塘也沙牆修築向歸賦首竈地之有賦首亦猶民田之有糧保也若輩貪污性成每以修沙牆爲利藪若惟恐其堅固也者前任恨賦首之貪利革而去之令某某修築而孰知其弊也與賦首等故互訟不休而沙牆益壞余到任後深悉其弊又深悉其患害至於敗壞不可收拾也不得其人徒咨嗟悼歎而已謀於官塘董事訓導連君仲愚連君曰難哉任事之人也余曰十室之邑必有忠信環竈地而居者數千家豈無有知利害尚廉節而可任者乎君其爲我察之閱數月連君曰公必欲修沙牆令於農民中得兩人焉曰章東序曰朱彰德此兩人者有操行可任以事余見之問以沙牆事皆深痛從前之貪利者願肩而任之於是分地段勘丈尺釘標記買泥田均夫役外邱畝三工內邱畝兩工又選十八人以分其責連君令其子生員茹佳鎮海殿司出

入而課勤惰焉余親往工所凡三日祭土開工始返署後十餘日余復至工所章朱兩農之工果大起餘或以暑熱辭或以農忙諉且有怨言草草不能成式余復嚴諭之曰此沙牆江海捍蔽也此時不築何以禦秋潮有不如式者令官塘工夫間段版築以爲榜樣始各勉强從事而不敢息未幾七月十七至二十等日連日雨注風猛浪激江水與海潮比旺正海甯塘工被沖時也而此牆幸險工已成章朱兩農復於風狂雨驟之際披草衣率子弟晝夜往來防護於其間而全牆得以無恙竈之丁戸皆喜曰非使君爲我修之田禾何以有秋前日之怨言遂息余復至工所諭之曰爾毋恃潮退無恐八月潮勢尤大宜將其沖塌者急補之否則仍恐有患僉曰吾儕小人知過矣必不再貽使君憂爭先恐後而三千六百丈之全工不日告成是工也非連君之區畫精詳章朱兩農之任事樸實不及此而連君哲嗣少年英雋精細廉明有父風焉於是首險次要次第經理其最險者曰賀家埠孫家渡外江內河地形

局促不能加廣卽無可增高乃築柴塘八十餘丈以分水勢而趙村余家埠雙墩頭黃家堰呂家埠自道光三十年至咸豐十年先後新建石塘一百二十六丈九尺同治三年又醵管塘會而邵培福爲之倡名曰梟孼梟姓捐田以應管塘急需四年五月大水黃家堰孫家渡東西花弓一帶塘隄多有坍損後郭韓煩等字號塘決口至三十六丈內外衝成深潭徑六十餘丈邑紳王淦稟知府李壽榛借欵興築當領畨錢一千六百枚又銀二百六兩交連仲愚督修此欵於同治九年文廟捐內撥還踰月完竣

五年仲愚復培修老塘五百餘丈別令邑人杜梅古修復大牆光緒七年秋後郭何遵約法用軍最七號暨譚村寸陰是三號塘被潮衝坍邑紳連茹禀知縣唐煦春請款興築布政使德知府舒先後委員查勘十二月興工次年五月一律完竣凡築柴塘石坦二百六丈並加修會盟牧地宙日月等字號土塘六十五丈六尺提用存縣餉捐餘剩錢一千五百餘緡留郡善後經費錢五千四百九十餘緡共給錢七千緡由縣禀憲批給唐煦春有修江塘記記曰事有猝然投之促以億萬生靈存亡之勢偪以疾痛之情籲以嘈嗷噫嗚

之聲而不惻然心動者未之有也況在牧民者耶乃困之以事勢萬難措手於是悄然憂懣然煩又不能泄然待淬心力以與之圖成敗利鈍之不暇計而卒賴以有成也非余之功也而余心安焉矣虞邑襟江負海恃塘隄爲藩籬先年動資鉅萬或請帑藏或籌捐輸時未經寇亂國富民殷故也茲值辛巳七月望後秋汛大作風雨狂虐凶濤頂洞西北之江塘坍塌後郭之何遵約法四號隄八十丈越用軍最三號六十丈譚村寸陰是三號六十丈余即親勘之時黎首白髮各拈香攔輿哀籲者絡繹不絕於道余惻然傷之慨然許以速爲修完默籌爾日帑藏支絀斯民瘡痍捐輸未能況此塘向係民間工費道光三十年曾請款六千兩後勸捐償半同治四年稟借一千六百番後亦籌還此事此時何所措手爲之愁然終夜不寐商之塘董連君少初少初固能繼其尊人樂川先生先年瘁力塘隄之志者囑其速即興築一面具稟照轉請示無論上憲能准與否幸德方伯曉峯憫念民瘼即委臧司馬鳳梧會勘余即會稟急迫情形方伯批着本邑存留餉捐餘剩款錢一千五百四

千丈儘數提用又紹興府善後款內五千四百餘串共計七千串余恐籌還尚須按畝騷擾復同司馬據情會稟請免籌還以紓民力賴太守舒公瑞甫即撥善後經費三千串先後共撥前數並爲照轉太守吾鄉之素著名者也幸陳中丞隽丞暨德方伯皆俯從所請遂自辛巳十月連紳鳩工修柴塘迄本年五月告竣現在工堅料實可垂久遠矣是役也上憲之痌瘝保艾也臧司馬之承德襄善也連紳之繼志敏行也虞庶之趨事赴功也余何力之有焉惟不派一吏恐悉索以負上下之至意耳而余心安焉矣先是夏初下浣之四予回任視事縣東新通明之南有姚壠壩焉月初決口二丈此溪之灌溉兩岸田者自梁湖至此四十里也一決則無蓄水備旱接篆之二日即往勘焉屬首士堵築之越月告竣設法籌款不擾民也然不若茲江塘之動費甚鉅也江塘之成亦大幸事也爰

詳其顚末而爲之記

十年潮水泛溢後郭韓煩起三號塘坍卸甚多邑紳連芳等督率夫役修築柴塘三十

四丈八尺並添坦水排樁及修理各處塘工用錢七百六十餘緡呈報縣令十五年秋霪雨爲災缺口多處連芳連蘅招集災民督修後海石塘參見海塘條下復修柴土江塘八百八十九丈呈報共用工料錢一萬三百二十緡有奇賑捐核獎局如報給獎以上據連氏塘工紀略及縣冊纂

百丈塘在縣東關外東嶽廟後堵遏運河之水俾不奔注下河建於何代年湮莫考 國朝乾隆二十六年邑人劉度陳奕募捐修築並請邑令將舊所置愛字羗章四字號田十六畝二釐三毫撥歸孟宅閘西小壩張家壩

楊家瀝竹湖潭外酌留愛字六百號田二畝九分宇字一千九百四十三號田三畝四分令塘長佈種輸糧以給歲修守望工食之資嘉慶志光緒十二年知縣唐煦春暨縣丞陳鑅捐廉爲創集貲修整完固用錢二百七十餘緡邑人錢振鈿俞藝董其役新纂

沙湖塘在外梁湖距縣西三十二里宋邑人張達創置以禦娥江潮水自西山至蘭芎山麓築塘長三里塘盡處築牮塘數十丈建石閘一座遇潮水汎濫則堅閉其閘厥後增築年湮莫考 國朝乾隆二十年潮水橫溢塘

潰董事王全珍劉度龔惠卿朱勤玉徐遽然等白令黄福申請各憲府委山陰丞陳宗功幕長胡某督理其事捐梁湖至通明各紳士殷戸銀七千一百兩零修築增廣之塘址闊四丈五尺面闊一丈五尺高如之閒旁設望隄所三間案即無量殿熊中丞學鵬兩次詣塘履勘深爲嘉嘆厥後屢潰邑人倪士元徐嘉言朱文紹等相繼募捐修葺嘉慶六年潮水大作塘閘大潰歲歉收令崔鳴玉張德標相繼令邑民派捐得利田畝修築並議遇大潮水派十都附近村莊民夫持簟片耒耜等物守望捍

禦殷戸二人董其事第之歲修塘長工食民夫守望等項田畝雖經附近士民置買姜字一千十七號田一畝一分二釐又一千二十四號田五分七釐芥字六十九號田三分五釐朱文郁捐重字六百號田九分六釐一毫五絲又六百二號田一畝一分九毫曹錫安捐姜字一千十七號田一畝一分潮神會平字六百八十八號田三畝三分又六百八十九號池一分五釐重字一百九十二號田一畝咸字一千二十五號田二畝二釐海字二千六百四十八號田二畝一分六釐七毫五絲除

敬神飲福支銷錢八千外餘錢劃歸是塘需用而所入無幾嘉慶志嘉慶二十五年大水塘決民田淹沒無算令李忠傳令邑人王望霖等自梁湖至通明各都按田畝捐築道光二十三年霪雨潮漲塘復潰署令戴堅令陳廷楷王燕藻等派捐重修三十年八月洪水泛濫塘岸坍崩無量橋閘俱圮淹沒民禾廬舍民益困苦令張致高甫下車謀諸邑紳倪暄王振綱夏廷俊等議照舊章按田派捐貧富慨吝民情不一僅收得捐錢四千餘百緡夏廷俊增築石牮塘一帶倪暄等培築舊土塘而橋

閘以經費不敷延擱未成咸豐三年六月復遭大水禾稼盡壞張令捐俸四百緡後署令林鈞又捐殷戶錢一千二百緡委夏廷俊陳晉王兆申董其役自秋迄冬橋閘告竣較舊址高且固次年五月潮水復至勢及塘面塘以外廬舍俱毀塘內賴橋閘堵禦雖窪田亦無損害備稿

國朝王振綱贈夏霈亭倪春臺築塘詩漢王善將將淮陰善將兵臬大力齊努厥塘洵有成虞風本古樸積慮皆和平謠諑亂眞宰愚者更性情一旦豁然悟心地原光明夏君長才幹調劑持權衡倪翁亦老健鉅功隻手擎兩隄雖決頹不日成經營況有東門錢慨助將囊傾購田鋤沙土畚挶勞編氓我望梁成得普濟毋令來客臨河驚鐵門一閘巨浪鎖金湯萬古成長城庶可高卧隄上不知曉但聽秋風颯沓黃葉聲 咸豐

六年令劉書田以塘址損壞首捐廉俸並集各堡耆舊派費興築劉自爲記記曰余於咸豐五年冬捧檄來虞過曹江入虞界見兩山之間横亘土塘一道破壞不堪余問役人役人曰沙湖塘也失修久矣余謹誌之任事之後取邑乘閱看知此塘五百六十餘丈上禦曹江之水爲東西四十里田廬保障每一沖决不獨田禾淹没城内亦積水數尺其工最爲緊要細詢其失修之故知積弊使然也蓋此塘非官工向有十八堡集民夫修築而玩愒者每以老弱充數是以集夫愈多而課功愈少兼有業户慳吝拖欠塘費效尤者亦漸成風氣更加紳耆不能和衷共濟南轅北轍每以口角細故輙行停止有此數弊是以屢築無成余慨然曰民間一利一弊皆有司責耳若諉爲民間之事而漠不相關地方安用有司爲余折柬邀向之董事者而問之咸謂此塘向有紳董王望霖等賠墊修築今則任事之人難得而且民夫難集地費難收余曰以諸君之言其弊若在民而以余觀之其過實在官若官視閭閻身

家之事爲一己分內之事不計勞怨而毅然任之雖有百弊不難立革諸君其能從我乎僉曰公若任之固虞民之福所禱祀以求之也官塘董事訓導連仲愚通達人也深曉塘工利弊急往請令踏勘丈尺估其工而計其費焉余首捐廉俸百金復親至梁湖工所集各堡耆舊均其費務使之平留吏一人以收之招官塘工夫擇日興修余時乘小舟往來督催於其間五月二十三日工將成而曹江之水忽大漲與無量橋齊幸塘加高三尺面寬二丈底三倍之得屹然不動否則田禾又付洪流矣嗣是而所派之費不日皆完無一戶忍欠者工亦不日而告成塘之南有牮塘三十餘丈前派十都修築因費涉訟訓導夏廷俊代築之余仍邀夏君任其事其高厚與橫塘同亦先後完工余於完工之日設酒醴於公所令各堡散董勾稽出入酒罷歡欣而散是工也紳董舉人倪暄候選同知王淦職員沈占奎與牮塘紳董夏廷俊不避風雨在工經理最爲勤勞而工之堅固完整尤得力於官塘董事連仲愚鳩工之力居多嗟乎天下事特患無任之者耳能任之而又知其弊之所在剔

而去之事未有不濟者豈獨沙湖塘也哉同治四年夏多雨江潮陡漲塘閘均被衝坍邑紳王淦等議將附近受益田畝收捐興修用有餘存發典生息光緒十五年邑紳王耀紱修葺橋閘并橋邊坍損之路撥用義賑款洋二百元新纂

六項塘在外梁湖距縣西三十五里堵塞江水舊以竹木雜貨過塘易致傷損令壩上六項民夫承認修築故名

國朝嘉慶四年塘外私墾佃戶張鳴鑣私將是塘開掘霪洞引運河之水以溉墾田邑人朱文紹陳祖烈白令詹錫齡申請各憲填塞之案六項塘既名塘矣長不滿數十丈何也曰是塘兩

邊田俱高阜內有深溝一帶並大車往來車路一帶年久路低溝踏狹塘故不用獨廣曰蘭芎抵西山之麓既有沙湖塘矣不里許而卽有是塘何也曰沙湖塘有閘以通舟楫非潮水横溢不得閉閘苟無是塘江水直通內河潮汐往還閘永閉則舟楫不通啟則田禾淹没故是塘雖蕞爾最爲虞邑要害○嘉慶志　道光間邑令欲鑿塘通舟邑紳陳廷柱倪暄王燕藻王振綱王邦獻等力陳諸害事遂獲已　陳廷柱等禀詞爲公陳諸害事竊虞邑西鄉西逼娥江向苦潮患特於外梁湖地方建設六項塘捍禦塘雖蕞爾實爲虞邑要害縣誌可考偶逢極旱通霪進水灌溉田禾衆民管守隨通隨塞不敢疏忽恭閲仁臺擬於塘外車路開河將塘身鑿斷通舟職等世居西鄉素悉情形娥江上承新嵊洪水下接海洋大潮築截尚虞其患塘之不宜開者一內地略高外江稍低江汛有大小一月閒大汛十日小汛二十日小汛日則內水流注外江糧田無可承蔭運河反礙行舟塘之不宜開者二江

水渾而不潔潮進潮出愈積愈阜內河易於壅塞塘之不宜開者三有謂造閘以禦姑勿論沙土浮鬆閘不堅固商圖通舟必欲長開農切保患必欲長閉永生訟端塘之不宜開者四有謂鹹水傷禾放西溪阜李兩湖之淡水以濟江潮之鹹水二湖啟閉自有一定古制斷不能挖他人之肉而補自已之瘡歷朝鬧過巨案反添訟端塘之不宜開者五伏思仁臺斷不爲就小利而貽大患之事故敢謹陳弊害○新纂

外横塘在六項塘外近曹娥江口道光間署令龍澤湝開浚大車路舊溝以通江水引濟運河建閘啟閉旋因沙漲閘圮潮水直入運河沙淤邑人王振綱等改築泥壩名曰外横塘凡遇運河缺水農田旱暵商同沙湖塘董事先議築復始行開放備稿光緒十七年邑人王耀紱因

近日竹木雜貨盡過外橫塘稟縣及府請飭承修六項塘之人兼修外橫塘永爲例新纂○互見新開通水河

隱嶺塘在縣西三十餘里隱嶺背山面江春潦秋漲時遭水患道光十六年知縣毓秀同邑紳谷連元蔣敬勝金儒懷等創議捐貲築隄以固捍禦自長龍山至覆船山計長一百九十二丈濶二丈四尺新纂

蒿壩塘在十一都蒿壩村乾隆初創築長六十丈有奇道光二十三年洪水衝決柴紹祖集貲修築三十年又遭大水被決咸豐二年俞鳳來創議改建石塘同治四年

培高加厚新纂

杜浦塘在十一都杜浦村道光季年創築旋被洪水衝坍光緒十六年春邑人龔占梅等稟知縣唐煦春撥款興修新纂

夾塘在一都大小查湖中間長亘一百五十餘丈一方之要害在兩湖兩湖之要害在夾塘明成化初令吉惠嘉靖三十九年丞蕭與成相繼增修詳見小查湖條下姚翔鳳記嗣後補葺農民爲之沿習至今彼此觀望塘身坍塌亟待修築新纂

寺後塘在一都智果寺後長一百數十步自大查湖陞科爲田河道瀠洄僅存一綫以本湖之水溉本湖之田時虞不濟此塘一決糧田皆石承禁開放垂爲定章新纂

新湖塘在一都小查湖中去夾塘約半里許湖本東傾姚民復於東横塘下掘深丈餘水勢從湫門瀉出遍流姚境湖爲虞有而虞人反不受湖之利農夫病焉咸豐初耆民姚錦昌等鳩工建築新塘略資堵濇然統計湖身在塘内者不及十之二而塘外虞田仍苦旱暵每當夏秋之交葑草彌望褰裳可涉相度形勢設法濬築是在

有志水利者新纂

泗洲塘在三都上有泗聖廟新纂

永豐塘在三都夏蓋湖南保衛白馬湖新纂

上塘在十四都白馬湖南萬歷府志○互見白馬湖

横塘一在白馬湖東一在十八都溪水注焉萬歷府志

右塘

上虞縣志卷二十二

上虞縣志　卷二十二　三一

上虞縣志卷二十三

輿地志

水利

孔堰詳見孔家閘溪家堰在二都萬歷志六畝堰與董家堰相表裏　按亦名六里堰董家堰在經仲溝下向係泥堰每春水泛漲時遭坍塌光緒十六年邑人經文禀請省憲以工代賑改造石堰並置霪洞水滿歸入中河邑人李品芳董其役用錢六百九十緡○新纂經家堰在二都水利本末○新增

備稿案曰水利本末孔堰一名溪家堰元至正庚子改爲閘是萬歷志分爲二堰誤也

石堰蓄白馬湖水側有通濟庵○新纂互見石堰閘驛亭堰同治九年耆民經文通等呈請退墾歸農

永禁車拔知縣余庭訓給示勒石略云據三都耆民經文通經文國等呈稱該處驛亭村向有一壩爲西北兩鄉十三萬餘畝田禾保障所關匪細間有甯紹往來商船伊等住居附近隨時爲之車拔乃該壩年遠日廢水勢下瀉今據上河各堡公同培高築復伊等皆係農民各願退壩歸農誠恐日久無稽仍有圖利之輩開壩車拔情事公叩出示諭禁勒石垂久等情前來據此查車壩固便商旅實於民田水利大有妨碍據稱將壩築高停止車拔係爲重農起見自應准如所請即行停止勒石諭禁同治十一年知縣王晉玉蒞任後復捐廉雇工將壩側拖船衕填平釘樁通詳各憲光緒八九年邑紳經元善等就壩上建造文昌閣稟知縣唐煦春通詳給示勒石略云據紳士經元善經湛經蒼林經元仁經元智經元佑經玉堂經文經亨豫經有常稟稱虞邑驛亭村河形西高東下夾河村民數百戶聚族而居河中向有一壩爲上下河界限乾隆三十四年奉前督撫各大憲檄飭前邑尊李示禁毋許私行盜掘等因歷經遵奉在案第村人住居臨河遇有往來船隻過壩隨時爲之

車拔因循沿習視爲利藪以致壩身日侵月削夏蓋湖水瀉注過甚常有旱暵之患同治九年五月間西鄉紳士連聲佩等稟請前邑尊王將石壩培高築復禁止船隻拖拔其時紳等亦勸約村人勿再拖拔船隻以固壩身而保水利鄉耆經文通等尚恐日久玩生是年十月稟蒙前邑尊余出示勒石永禁同治十一年五月前邑尊王莅任後復蒙捐廉雇工將壩側所謂拖船衕者塡平釘樁通詳各大憲批准各在案第村人以車拔船隻爲生者一旦失此進款不免向隅堪悲紳等諗同鄉井不忍坐視當經捐資按戶計口量借耔種工本共計借給制錢一千八十千文其年已就衰力難耕作者另又借本在左近之小越橫塘廟兩鎭捐納恆昇恆昌牙帖俾得貿販營生計借給制錢一千四百千文又就壩上建造文昌閣一所兩面竪砌石磡俾壩基與閣爲一不致侵削閣下仍使水可流通以資宣洩計費工料制錢一千千文先後共捐制錢三千四百八十千文此款均係紳等敬修家塾公項支墊曾與村人受借者訂約如果久安農商恆業概不索還現在時逾數載頗稱相安

誠恐歷年既久難保無覬覦侵毀等事除稟道府憲外稟請據情通詳立案並給示勒石以垂永遠等情據此當經備文通詳嗣於九年正月十三日奉撫憲陳批如詳立案仰即遵照給示勒石永禁嗣後毋得車拔船隻以垂永久云云堰側有後陡亹霪洞水滿歸入中河○新纂

小越堰互見越閘

小河清溝堰

蔣家堰

皁角堰舊名七里堰光緒七年邑人俞巖重修弁建石梁於上名曰葦杭橋○新纂互見皁角閘

俞植堰

兩貫珠堰

五乂堰案今作五車堰俱在三都萬歷志

橫溇堰

柯家堰

鎮山堰又名俞家堰

張家堰在驛亭村東向有霪洞如遇水旱責成該處農人啟閉管干山溝下糧田當東西往來要道年久候修○新纂

周家堰

鄭家堰在和尚橋東春築潘水以備旱秋放洩水以防澇啟閉有時高下均利○新纂

胡家堰

李家堰在三都水利本末

馬家堰在三都北鄉

三都東鄰姚界向有石堰兩道一名皁角一名馬家光緒十三年里人稟請知縣唐煦春示諭勸捐重修邑紳羅寶堃董其役皁角堰用錢一百五十緡馬家堰用錢三百四十餘緡○新纂

橫山堰互見橫山閘 施家堰 楊湖堰 夾堰 徐林堰 徐少堰 杜兼堰 柯山堰俱在四都萬歷志 曹家堰 牟家堰 雉尾堰在四都水利本末○備稿增

徐滸堰案滸今作虎 王婆堰 丁家堰 陳倉堰姚界相近堰北有寶積庵○新纂互見陳倉堰閘 李監堰案即烏盆堰 中堰 西礎堰俱在五都萬歷志

思湖堰在丁宅村北五福橋下 在六都萬歷志

花公堰　梅林堰　寶堰俱在七都萬曆志

黃家堰在八都萬曆志

茭葑堰在九都萬曆志

炭堰　柯莊堰　新建堰　百官堰舊名龍山堰　穰草堰互見穰草堰閘俱在十都萬曆志

梁湖堰紹興初高宗次越以梁湖堰東運河低澀令發六千五百餘人濬治宋史河渠志　水經注浦陽江南北各有埭司以稽察行旅胡梅磵曰浦陽江南津即今之梁湖堰北津即今之曹娥堰沈奎補稿

石堰

張家壩在一都距縣東七里堵淄運河之水建於何代年湮莫考　國朝乾隆二十六年邑人劉度陳弈呈請邑令募捐修築並分撥百丈塘宇字一千九百四十三號田二畝令壩夫佈種輸糧以給歲修守望之資嘉慶志

新通明壩一名中壩在一都鄭監山下急遞舖西南距縣東十里宋淳熙間縣令汪大定置名通明北堰明黃宗羲餘姚至省下路程沿革記畧初南路必出通明壩宋淳熙間魏王薨於四明將葬於越詔遣刑部尚書謝廓然運副韓彥質護喪使者旁午州縣震動知上虞汪大定以通明壩高峻潮汐雖登僅過數舟則已涸於是增浚查湖

別於支港創小壩以通舟募游手二百人別以旗色分列左右俟大舟入引湖水灌之水溢堰平衆力扶曳舟以進畧無欵側舳艫相銜俄頃俱濟自是以來反以支港爲通衢非大旱水涸則無有由通明者矣世傳史彌遠所開有恩多怨少之謠非也沈奎案史彌遠所開之說雖無證據當亦有自堰上向有土地祠神像作宰相裝父老相傳謂卽史相也明永樂間府志作洪武初鄞人郟度以舟經舊通明壩灘流壅塞鹽運到必需潮水大汛始得達舟常坐困建言將縣東北舊港開浚自西黃浦達是壩又名鄭監山堰官商往來便之嘉靖間有奸民私置幽窪洩水知縣楊紹芳鳩工堅築焉邑人張文淵有贊贊曰吾邑有河亘四十里貢賦由茲田疇賴此東土奸民每竊斯水午夜決溝一洩見底萬頃荒蕪頻年饑餒恆訟於官官弗爲理

叩閽無階籲天不已偉矣楊侯展也君子羣囂弗從獨斷於已發掘幽窪密釘樁趾上廣檐楹下廣基址惟此有溝亦前之比侯命更張遠離河涘實士昂昂釘舊設樁齒齒絕此弊源頌聲滿耳紀德於碑用垂千祀

壩夫叁拾名官給工食纜索銀共叁百陸拾兩遇閏每名加銀玖錢　國朝酌定壩夫貳拾名官給工食纜索銀共貳百五拾貳兩遇閏加銀拾捌兩詳見賦役全書道光二十年署縣令龍澤滋詳請重修備稿參新舊志增訂。明王穉登客越志過曹娥歸東關驛買舟如西興三十里上虞縣因山爲城十里中壩十八里下壩灘聲下磧怒如驚濤船從枯隄而下木皮加削爲之毛髮森竦何必瞿塘峽方知蜀道難也○豐道生詩野寺初鳴午夜鐘江雲未散月朣朧帆檣亂集爭車纜水石相平吼木龍青眼逢迎多笑語白頭一去又春冬壯游擬到峨眉頂爲乞仙人九節笻○

國朝俞廷颺新通明壩竹枝詞木龍聲吼雨來天壩上拖船械木俗呼壩關天幡聲木龍兒明朱維藩詩幡有一髮千鈞竹索牽廿個壩夫齊着力上河拖起下河船太平菴口太平橋本名敕望橋橋下來船緩緩搖六月南風涼近水老農圍坐話田苗姚郎壩下上藻河新納官粮種芰荷七尺釣竿三尺線柳陰涼處鯽魚多

西小壩在一都距縣東十里堵瀦運河之水建於何代莫考　國朝乾隆二十六年邑人劉度陳奕募捐修築並請邑令分撥百丈塘羌字一百十三號田二畝九分四釐八毫令壩夫種植輸糧以給歲修守望工食之費嘉慶志後經姚民周姓盜決移縣提究永禁毋許開放築復如故至道光二十年間甯郡英夷滋事兵船絡繹通明

壩下十八里河水淺易涸署縣令龍澤澔議開曹江通水河並開此壩引水接濟事平之後董事俞江等照舊築復而姚民復萌故智屢次盜掘修築維艱署縣令張銘之忽議建閘經里士宋青張啟果等控阻事遂寢咸豐二年姚民三次盜掘里士俞廷颺錢用康等募工培築備稿七年令劉書田與紳董劉煇夏廷俊俞晉錢寶常等籌議填舊溝開新溝改築完固勒有碑記劉書田重築西小壩記今夫乘人於匱乏之際攫其所急需之物而私爲己有者不仁之甚者也水利農民之大命天道亢陽實資灌溉苟非其地攫而取之不仁孰甚焉虞邑官河上自梁湖下至通明兩壩東西約四十里承蔭水田不下數

萬畝而兩壩以下不與焉城之東北蘿巖泉水入新通明河其溝與官河貼近前人築壩以禦之名曰西小壩防官河沖決也近年壩下九埭失修而姚邑農民與下壩夫每遇天旱輒行偷決壩之地勢高下懸殊一經放溜如雷奔馬馳不崇朝而官河之水立涸壩內農民倉猝莫能阻救徒咨嗟痛恨而無可如何余到任後控愬者案牘盈尺誠吾農之患也余親詣壩所周覽形勢相度流泉進紳耆而告之曰今人有珍寶之物藏諸笥篋之中秘不示人雖欲攫而有之不可得也若置諸大門之外而又無人以守之欲使過吾門者視為非分之物淡然舍之而去此仁人君子之用心也惡得以律愚氓西小壩之水與蘿巖溪溝貼近直不啻置諸大門之外也夫既置諸大門之外是我先處於不智而猶責人以不仁毋乃不可乎若移溪溝於百步之外別開水道取新溝之泥以塞舊溝犁而為田則兩水相去遼遠而官河居然在門內矣彼雖羨之豈能越數坂之田而決之哉諸君曷弗思之僉曰然就余所指畫者擇日改築於某月某日興工至某月某日告成衆願乞一言以記之

俾勒諸石故書以付之是丁也余首捐廉俸五十金其費按承蔭之田派攤之董其事者舉人劉煇候選訓導夏廷俊監生俞晉生員錢寶常也　九年姚邑十八局滋事令李壽榛又詳府立案兵燹後案卷被燬俞晉等又抄錄全卷稟令王嘉銓移會姚邑一體示禁告示畧云據紳董俞晉劉煇錢寶常稟稱運河西小壩疊被姚民盜放洩水防禦久無善策嘗各前縣關心水利塡舊開新改築完固具詳立案並移請示禁之後相安多年不料髮逆踞境案卷毀失去年三月間稟荷詳請備案至竹湖潭修築完工被姚人不問詳細擅行偷掘紳等照舊賠修但此甫經告成姚人復肆故技胆敢偷放生事後患難防稟叩移請諭禁並築西小壩張家壩百丈塘楊家瀝竹湖潭之應堵應塞者毋使少有滲漏不得任牙行船戶夫頭聽其自便等情到縣據此除批示並移餘姚縣一體諭禁外合行示禁云云同治五年十一月○新纂○國朝王振綱詩莫謂一尾閭可

以任涓滴譬彼守家翁爲出須量入剗茲四十里河道淺且仄區區一勺多灌溉田千億傍山有溪湖各自保稼穡傍水有江潮旋流復旋息偏隅西小壩偷放慣隣邑白晝烽擁來人衆寡不敵欲爲籌良謀建閘亦淺識舊貫仍何如堅築使壁立此外溝澮水扼吭復塡臆强力良難施漏巵可永塞東隣與西隣莫不嘉乃績

姚壠壩在新通明南爲四十里農田水利攸關光緒七年被水衝決三丈餘邑人陳廷珮等稟縣脩築用工料錢二百餘千由知縣唐煦春捐廉籌款新纂

藕塘減水壩在三都爲姚虞分界要地關七鄉水利向有土埂常患衝決光緒十六年邑紳經文袁崙改造減水壩用工料洋二千三百五十八元錢七百八十餘緡稟

撥義賑款興築壩長十四丈一尺五寸高六尺五寸面廣四尺坦水一丈三尺壩東向種藕恐損壩身今亦禁止新纂

華溝菱池陡亹則水壩在四都橫山之南柯山之北爲夏蓋湖東隄扼要之處嘉慶九年邑紳何淇等度形勢酌高低禀知縣崔鳴玉捐貲創建三壩分爲八洞上加橋梁以便行人歲久損壞光緒十六年冬邑紳董連蘅金鼎等禀知縣唐煦春集貲修整高低循照舊制新纂

屈家壩在十都萬歷志○按嘉慶志作二十二都誤阜李湖之東南湖東陡

壹閘漸就圮廢賴此壩爲障水之要隄年久坍損光緒十三年邑人曹雲標籌貲督衆修之新纂

梁湖壩在十都曹娥江東岸每遇風潮衝潰移置不常元後至元間怒濤嚙潰邑簿馬合麻重建明嘉靖間江潮西徙漲沙約七里縣令鄭芸浚爲河移壩江邊以通舟楫壩仍舊名萬歷府志

萬歷志朱維藩曰五方異姓四民各業業其業者食其食毋相侵越迺安其生梁湖一鎮居民千指大率以搬運客貨肩挑爲業官司皆藉其力以應直往來上司亦苦役也迺來會稽船戶包攬甯波各處船貨業有船價而又兼收脚利將使肩挑之民束手枵腹忍乎越俎代庖壟斷嗜利甚矣近本縣申准司府俾各守業著爲憲

令犯者必治

截在公移

百官壩在十都舜廟前爲明越往來衝衢咸豐初年隄上設旱閘四門逢秋潦江漲加板築土以固捍禦水無越塘之患新纂

蒿壩在十都近蒿山長十丈紹興台州二府往來必經之地萬歷府志。按今在十一都一里離縣西南三十五里

萬歷志朱維藩曰蒿壩界會嵊二縣之中爲紹台往來之所一切送迎隸之上虞夫復何諉第此地孤懸去縣治四十里每遇上司往來夫馬至彼交割相計百里往回共計二百里夫馬之力焉能不疲迺往則必候日未可期夫馬之食其誰能給且迎送用官各役隨之佐貳出候正官間一行焉甚至海巡並至則東西奔命縣邑

空虛庫役奚守余初補茲邑曾建議上欲津貼會嵊二縣然彼亦以道路遼遠爲辭大都惡勞畏難人有同情去難就易策難兩利事之難處無踰此者必也有經濟大方斯爲虞人去此患乎姑存其議以俟

池湖壩在十四都萬歷志 娥江之右自浦山頭至石山長五百五十丈舊甚低狹江水頂衝屢築屢圮咸豐四年里人林鼎臣林超凡創捐四百金復勸各業戶輸貲增築高廣各數丈新纂

龍山壩在邑西南十四都娥江之左地濱長江爲剡溪下流南鄉諸山之水匯焉每逢淫雨洪流驟漲泛濫田疇遂成歉歲居民畚土伐薪築埂壩以爲捍衛可以堵小

水而不可以禦狂瀾水溢則隄傾所賴歲時增修庶幾有秋故是鄉農民獨勞於他所龍山壩起自龍山直達陡亹閘敗塘壩居間壩屬焉長一千丈有奇保衛文字衣等號糧田　國朝雍正時被水傾圮募捐築復道光間屢遭水患坍損甚多里人吳大鈞吳雲龍等先後按畝勸捐集貲重修同治十年四月隄壩被水衝坍邑人吳望楚等稟縣示諭按畝捐修完固按壩下向有暗溝引江水入壩內患塘灌溉民田千餘畝旋因屢遭水患乘溝攻壩壩以不固道光二十二年里父老公議與其壞壩莫若廢溝呈請劉令廣涓給諭築塞旱則改沭㥛湖水入患塘北流至趙宅塘澇則由趙宅塘出水向患塘東流至斷江浦

出陡亹閘入娥江事屬兩便○新纂

敗塘壩卽患塘 居間壩在十四都接龍山壩而築者爲敗塘壩接敗塘壩者爲居間壩新纂

張郎壩 浦水壩 大浦壩俱在十四都娥江之右光緒十六年會稽紳士董金鑑捐修新纂

隱溪壩在十六都隱溪莊長二十餘丈高一丈廣五尺衛糧田千餘百畝新纂

畧邱壩在十六都長十丈高一丈水由南堡大埂涵洞來漑壩內田三千畝新纂

周家壩在十七都河頭村外兩山夾水壩截中流依山陂以爲固長三十餘丈舊在佛國谿濱明萬歷間移置今所瀦湖說詳自是迄國朝興廢不一光緒十五年秋蛟水暴作壩盡壞壩址衝成深潭知縣唐煦春撥賑款脩築新纂

大壩在十七都蝦公山下距縣南三十五里衞糧田數千畝新纂

蔡家壩在十七都張村衞糧田數千餘畝新纂

繞繳壩在十七都塔山下距縣南三十里明崇禎間七堡

公築　國朝康熙三十八年鄉人公議立東西二畛禁規新纂

磊水壩在十七都距縣南三十五里下接東山溪衞糧田數百畝新纂

新石壩在十八都湖溪村左距縣南二十一里光緒十六年邑人丁夢松丁學之等稟知縣唐煦春撥賑款洋千元相地興築以捍水患三閱月告竣壩高一丈餘尺長二百餘丈闊一丈餘尺又於隔溪南面開掘新溪以分水勢溪長一百二十餘丈闊三丈許深五尺新纂

木龍壩在十八都湖溪村前距縣南二十里咸豐初年邑人丁敬義糾貲興築旋廢遺址尚存光緒十六年請官項修葺凡四十餘丈新纂

西莊壩在二十都距縣南二十里湖溪下流地近西莊任家溪任姓西莊丁姓合築溉陶唐湯字號田千餘畝新纂

楊家壩在縣東二十二都花園畈東上接運河下達南湖河新纂

舊通明壩在二十二都距縣東三里疑五里之訛宋嘉泰元年置海潮自定海歷慶元南抵慈溪西越餘姚至北堰幾

四百里地勢高仰潮至輒迴如傾注鹽船經此必需大汛若重載當徙則百舟坐困旬日不得前於是增此分導壅遏通官民之舟而北堰轉通鹽運萬歷府志上枕運河下通省河商船必由於此宋蔡舍人肇明州謝表云三江重復百怪垂涎七堰相望萬牛回首蓋自浙江抵鄞有七壩此第五壩也萬歷志壩旁建閘置閘夫遇潦啟之注水入江否則閉焉歲久閘圮 國朝乾隆二十六年邑人劉度陳李募捐修築嘉慶志同治二年邑紳王淦等以舊通明閘壩向無公項歲修年久滲漏加以被匪挖

掘遂致坍沈水底河流易涸稟請知縣翁以巽勘明繪圖詳請撥款興修用錢五千五百五十餘緡新纂餘見清水閘。

宋黄震申提舉司水利文其二曰通明堰其地在上虞縣東十里西距本縣諸處山水以溉民田東通慶元府界三百里江潮以便舟楫古人於山水江潮交會兩極之處相天地自然之氣勢而立之堰居明越之要會紛舟車之雜遝其利又過於石堰者百倍建炎車駕幸海道實經從其間聞非潮時灘浦淺落我光堯皇帝面江嘿禱潮忽驟漲至今父老相傳以爲此中興官家借潮之地又足以見地靈之呵護如此近忽有邑人移堰近西五里者山水未於此乎止故新移堰常受衝決之害江水不於此乎達故新移堰無復通行之利今此過之堰已久壞惟有舊椿樅樅散立於數丈深坑之底農田泄灌溉之源行旅嗟搬剝之苦利害萬狀不可具陳此堰之西五十里會稽縣界百丈塘有頭陀聚兒童十數分頭覔錢於行舟過客曰我將以復通明堰也聞者雖

至貧亦無不愀然傾囊以予此堰非頭陀之所能辦行人多知頭陀借此謀食而此聲一聞愀然爭施亦足占此堰之關係者大而民情之所望此堰者切矣某路由上虞因訪之縣令陳廸竊謂當略計非得二萬之楮不可縣無此力惟有痛心某因採訪得權承役兼舍詳練有才嘗築新林塘奏功之人堰所當與官有可委幸今大府一意爲民而常平使者又幷屬大府此千一難逢之會未必非造物者注意謂宜於大府及常平司挨那支撥縱兩司未有此一頓事力賢師帥創之必將有聞風而樂助者亦吾賢師帥之賜此某自明抵越第二節所見也其三曰通明堰之上正港高閘而兩旁低下舊築高塘以達縣治間者移堰就西之議謂可縮塘使短免水衝突乃自移堰以來塘愈促則水愈暴水愈暴則決愈甚目今高塘傾倒水多走泄某之過此晴方一日河舟已膠農務方興其將安仰前所謂堰之當復不過趁今收買木石以備秋後興工若夫塘倒之患正切目前謂宜亟下丞廳委請上戶關會隅保先將塘闕速行築捺此某自明抵越第三節所見也然此塘非可每每

築捺也二河並行中高旁下水衝易決勢既必然加以般渡之船稍夯擔之脚家惟利塘搉水竭以邀客旅不願塘堅水溢以妨私計每乘昏黑潛行掘壞一綫有隙十里爲枯使農夫常失灌溉之利使都保常受數捺之害使往來民旅常被般剝勞費之苦此曹方欣欣自以爲得策今欲痛革久弊以垂長利斷宜於中河兩高塘之外將兩低河盡築爲高田用附益高塘不至單薄使水勢不得而衝人力不得而掘卻於高田之外即於掘泥築田之地復還舊日之兩傍低河以便他處水脈仍以中塘新築之高田補還兩傍掘田移河之業主庶幾有益無損轉害爲利以輯古人思慮所未及之功使世世永賴此又某第三節所見豫爲後日之謀者也　國朝錢玫曰是壩不知經始何時建置何地舊志云嘉泰元年置黃氏日鈔所載申提舉司水利文云堰在縣東十里又云近忽移近西五里黃氏宦紹興通判在咸淯六七年去嘉泰未遠故及見舊堰尙有舊椿則志云元年乃就移置今處之年而言也黃氏區畫是堰者甚詳故節錄之以備考○明楊珂詩四明山盡到通明春水

隨潮涙不生隱隱雷聲驚
昨夜卻疑身向禹門行

玉帶壩在二十三都嘉慶元年葉氏捐建光緒十五年葉氏派捐重修新纂

橫涇壩按亦作橫逕一在南門外稍東舊有壩萬歷五年縣丞濮陽傳重修甃以石附郭水利之最要者也然鄉民屢爲導決萬歷二十五年縣令胡思伸剏爲陸壟時其蓄洩引百雲溪水入於城河其一在東門外新安閘南舊有小壩時通時塞胡令造閘包村港瀦潮河水仍增拓其址上建茶亭立碑勒禁萬歷志○按東門外二十三都橫涇壩相傳爲前明紳士

朱袞所築今碑殘缺不可辨

烏沙壩在二十三都距縣東十六里築沙爲壩溉四明東港上游諸田按康熙志附載胡李溪下相去十里誤○新纂

滾水壩在二十三都永和市南距縣東十五里四明西港之水北流至此歧爲二由永和市者狹而淺由市西者廣而深每歲永濟閘啟後市苦之水向於秋季築壩斷水西流咸豐初年里人集款擬易以石不果今尚爲泥壩高三尺云新纂

黄泥壩在二十三都距縣東二十里堵四明東西港下流

潦則洩之以分永濟閘水勢新纂

長壩在鎮都初名柯家閘明洪武七年知府唐鐸建蓄洩破岡等水萬歷間改閘爲石壩丞濮陽傳重修見夏蓋湖徐待聘六議海塘濮陽傳要議中國朝康熙三十六年姚民奪蔭搆訟不休經姚虞二令會詳勒碑而事始定碑記略曰爲咨訪利弊事蒙本府正堂加一級楊票又蒙布政司加二級趙憲牌奉巡撫都察院加二級線總督福浙部院郭批本司呈詳查得水利之興前人原有溥利之義據查夏蓋湖乃虞民割田爲湖則其專利於虞也爲重姚居下流仰其餘沫是以設壩建閘以節之蓄洩有時啟閉有候載有舊制自無庸紊既據二縣平心虛公會詳仍遵舊制應將啟閉時候明白勒石壩上使兩邑官民遵守易曉庶可以杜爭攘於日後矣相應詳請憲批申飭以便轉行遵照

等因奉批如詳轉飭遵照仍令該府督同姚虞二邑公捐勒石務將舊制啟閉時候備列碑内用垂久遠事竣取具碑摹遵依報查繳等批奉此該卑縣等遵奉憲批事理查照舊制閘板啟閉於四月初一下閘秋後三日開放永杜爭端兩邑恪遵無紊舊制須至碑者康熙三十六年十一月二十五日餘姚縣知縣韋鍾藻上虞縣知縣陶爾穟仝立

同治五年甯紹台道史復勒碑記與馬家堰同禁開掘

碑記畧曰據上虞縣紳士羅寶森杜儀田兆祥袁心蘭等稟稱竊虞邑長壩馬家堰二處緊關蓄水保衛邑北十三萬有奇之田向奉各大憲示諭夏築秋放派令七鄉農夫輪流守閘逢船過往挨次盤拖並定章支取酒貲以免勒索前因船戶每裝絲茶動爲洋行差船不肯拖盤硬令壩閘開放不允蠻將壩閘開掘現居夏令兩壩已照舊章築固恐刁猾船戶復萌故智且難保守閘農夫情急釀事爲此瀝情公叩恩賜示禁勒石二壩并求照會英法各國領事傳知各洋商諭令通事船戶遵照向章不准恃強橫行掘放等情

到道當查此案前據該縣呈詳當經批仰紹興府確切查明果係有益農田無碍商賈迅即給示勒石嚴禁幷查明向辦情形詳候給示並照會各國領事傳諭遵辦茲據餘上二縣會同詳覆長壩馬家堰二處實係夏築秋放由來已久並非始於今日該紳士等籲請憲示係爲保衛農田起見所呈向定規條亦尙妥洽理合照繕清摺並送到切結會銜詳賜給示勒石永禁開掘以保水利而順輿情等情據此除詳批示外合行出示勒石永禁云云 光緒十六年邑紳經文重修新纂互見柯家閘

右壩

張家閘在一都去新通明壩一里許運河側橋內通查湖之水萬歷志

新永豐閘在一都東小港距縣東二十里乾隆間里人葉

乘六等捐建歲久就圮同治四年葉尙木葉舜臯等捐貲重修新纂

孔家閘在二都白馬湖東防洩湖水萬歷志。備稿案亦名孔堰與十都之孔堰閘異。按今稱下閘

國朝縣令張珣孔堰閘碑記余自奉天子簡書來蒞虞邦矢心興革惟水利爲農政之大凡有舉廢無不單騎親歷湖原竟委屬縉紳父老諮諏商確葺廢補缺以圖永久縣之西北二十里有白馬湖三面大山狀若屏環瀑雨朝夕三十六磵駛奔而注湖田千頃盡沉水底而下閘洩瀉水口僅一溝如綫眞澤國也余嘗舟過其境周視而謹識之不忘乙酉夏仲霪雨連月湖之汪洋瀲灩不問可知時趙生彬以沈殷激流害田事來控余閱其詞揣其情必趙生之田利於決放而沈殷之田利於澇溢也擬躬驗果否爲區畫之未幾而都人士

朱天生趙煒等以公懇勅諭勒碑垂恩等事呈請余思壅流激水利已病鄰禁甚嚴也使沿湖居民欲利已田終年決放以槁閘口百十餘畝田禾情固不忍理亦不宜而近閘居民利己田逸於灌溉壅閉以絕湖田千頃之課命於理於情尤萬萬不可此朱天生趙煒等呈請議立水則著爲啟閉之規以杜釁端可謂情之愜理之當者也余欣喜不勝卽着重加確議量定水則尺寸乃於孔堰橋柱底石量起上至水則界計三尺有八寸界之上下鐫刻天地字春夏兩季水至天字脚則啟水至地字頭則閉樹碑橋南永爲啟閉定規釁端誠可杜也脫年遠歲久或至傾圯其所照尺寸式樣而整焉易易耳若夫雨水暴漲湖民愁洩水之不速而張捕自肥者或閉閘以緩出勢或作斷以遏溪流致妨沿湖之播種害沿湖之禾苗人之無良莫此爲甚卽緩天嗔之誅難逃國憲之及有犯必究其亟改圖

弁記時康熙四十四年七月朔日

西陡亹閘　石堰閘水利本末云古曰孫婆礁宋寶慶乙酉改建俱在三都洩

白馬湖水入夏蓋湖萬歷志。按西陡亹閘今壅

皁角閘在三都水利本末。新增

小越閘在三都洩夏蓋湖水灌三都四都田萬歷志宋渻熙

甲辰置水利本末

國朝知縣李珠林碑記為漏網愈橫等事乾隆三十四年五月初九日蒙本府正堂張牌開奉署布政使曾憲牌案查甯紹台道潘勘議咨准前布政使司劉核議呈詳上虞縣小穴閘燕窩被曹興祖等拆毀一案乾隆三十四年三月十八日奉巡撫部院覺羅永批示上邑小穴閘燕窩既經該道勘明修復完固如詳飭俟遇旱之時無論秋前秋後於三日前呈官委員監督按股放水畢即行堅閉不得狥情多放致使西鄉更涸至私壓湖田有關全湖水利速飭該府縣查明原壓額冊即照丈對畝分如有多餘概行剗復并嚴禁游民捕魚偷放

等弊倘有違犯郎行嚴拿詳究並候督部堂批示繳又於乾隆三十四年四月初八日奉總督部院崔批據詳夏蓋湖水利東鄉實在需水之時許稟官委員傳集兩鄉民人公同酌看按股計算督放督築均勻應灌之處洵屬公允至燕窩衙門陞司原議方廣以五尺爲限今據修復之衙門寬至五尺六寸較原議已屬寬大自不便再有增加致湖水傾瀉易涸況現已修復成功莫毀又據議今東鄉需水時設立水制按股開放是東鄉民田業已蔭灌有資更不干衙門之寬窄該司所議小穴閘燕窩俱無庸再爲更改之處亦屬允協俱如議轉飭遵照倘後世東鄉民人再敢偷漏毀掘立郎嚴拿重究並候撫部院批示繳等因蒙此遵查是案先於一件實關課命等事案內蒙前署張詳奉總督部堂蘇巡撫部院熊批司核議如詳定斷上虞夏蓋湖小穴一閘地處下流一經開放其勢如瀉全湖立涸不但西鄉盡成焦土而東鄉亦遭淹没自當嚴密關閉以資蓄水灌溉其閘上燕窩實防盜決洩水捕魚私墾而築議照舊制築復燕窩兩邊用石鑲砌中辦田空衙用土填塞官放官

築以杜爭端在案今奉道憲親勘藩憲定議西高東低西田十萬餘畝東田僅止三萬餘畝嗣後東鄉如遇亢旱需水之時不論秋前秋後於三日前呈明地方官飛赴該地傳同兩鄉民人酌看夏蓋之湖水共計若干分作十三股立一水制插入中洪總照十三股扣算東鄉應得三股開放放畢即行堅閉不須再放餘水以保西田稟官督放督築俾兩鄉民人均勻蔭灌以息訟端應請悉照辦理勒石閘前永照遵守又奉布政使司檄催勒石永禁毋許私行盜掘偷放私壑各等因蒙此合行勒石爲此曉禁各宜永遠遵守毋違須至勒石者

橫山閘在四都萬曆志 年久損漏光緒十六年夏知縣唐煦春撥賑款改閘爲則水壩高低悉如陡亹等壩定式新纂

夏蓋山閘在五都萬曆志 古曰東磋溝水利本末

陳倉堰閘在五都與餘姚蘭風一都接境萬曆志 明洪武二

年府判吳敬建沈奎補稿

明縣丞濮陽傳牌示畧云據曾喬等衆稱古制陳倉堰閘一座內置石窪一口（窪卽是閘）啟閉及時不致盜洩以固水利於成化年間告蒙憲定閘鄰二十四名給牌看守今因本閘日久損壞閘鄰年久逃亡致洩洩水利以致告理等因查得陳倉堰閘係夏葢湖底界堰連餘姚河港底窪若此堰被決上虞數十里河港盡涸葢湖之水殆盡非但湖東受旱而湖西之害更極五鄉之民無聊賴矣此實干係緊要處所隨該本職親詣該閘照田派夫修築堅固外仍將附閘居民照田通行串名編定閘鄰一十五名常川看守倘遇盜洩損閘着令閘鄰隨即防禦隨即修築如或水漲衝坍併年遠頹壞人有逃亡故絕產有更改變易仍照本都承蔭田畝內算派人夫工料重編姓名重加修造永爲定規合行置牌爲此牌仰楊德等查照牌內事理每閘鄰三名承管木牌一面自本年爲始以後輪流收管週而復始如失悞隱匿者究治以罪年年各派加築如不築廢弛并治以罪其牌內

閘鄰每名永免其修築海塘湖塘夫役半名逐一遵行看守敢有故違推諉以致洩水利妨民者許即執牌赴縣陳告以憑拏究決不輕貸須至牌者萬歷六年三月日給　國朝俞麒生陳倉堰述云陳倉堰乃五都上流之抵界也姚邑蘭風鄉四五保之民垂涎湖水每每起釁不知蓋湖乃虞邑五鄉居民割田爲湖田包湖賦湖供田水湖内並無姚田姚民不包湖賦緣蘭風七九十保與虞邑五都同溝旁岸彼鄉之民就便車水不能禁止年復一年久以爲例今日茹謙三大保是也其堰外因有虞邑歲律字號田一千三百畝故留霪洞一尺三寸以資灌溉中横一石啟閉以時古有木牌立閘鄰二十四名給牌看守輪防盜決堰下里許有倪家壩爲虞餘所分界不許開掘放水因壩在曠野無守姚民日逐盜毁堰下虞河遂與四五保相通所以姚民屢懷盜蔭又因四五保之民吳佐等先與本縣植利人陳世表等往來屢屢置備酒饌彌縫鄰情分既熟容令車戽後吳佐與陳康時等卻稱先曾分食水利恃强爭奪滄熙中邑民夏邦直與陳康時俱經提刑司爭告各執一說

司理院定擬蘭風鄉一都田土除茹謙三保隨上虞田灌溉水利其四五保之田不容承蔭其四五保之民託同邑鄉紳孫月峯私改府誌預埋佔根載府誌云虞邑之民懷奸挾私不肯與吾姚同利誌公書也而曰吾姚則利心畢露矣又陳耘手批云波及蘭風古規可誌夫曰波及則非該蔭可知且波及者止七九十保非四五保之民也於康熙十八年姚民諸昌三等統衆掘壞湖塘剗毀古堰湖水立涸堰鄰報鳴本縣姚民反捏詞控府弁甯紹道委署水利廳會稽知縣張思行會同兩縣知縣踏勘姚民賄囑張思行偏袒詳覆五鄉士民王甲先等情極赴憲哀陳適途遇張思行虞民大譁總督李隨將思行參拏批發金華府同知署府事王與本府同知許會審詰問兩縣錢糧額數乃虞多而姚少遂云姚民不包湖賦不得再爭水利詳覆各憲其堰霪仍留一尺三寸高河底二尺止蔭堰外虞田與四五保之民無涉而訟端始息但四五保之民垂涎湖水屢懷奸謀誠恐復起爭端後人不知其由麟生曾身任其事備知其詳特述其事以垂後世焉

穰草堰閘在十都導上妃湖水入夏蓋湖萬歷志

洪山湖閘在十都防水入運河萬歷志

陡亹閘在十都梁湖南萬歷志

無量閘在十都西山下沙湖塘口堵禦曹江潮患隨時啟閉爲闔邑田廬利害攸關處　國朝道光三十年洪水爲災橋閘衝圮咸豐初年縣令張致高署令林鈞次第脩復備稿詳見沙湖塘

福泉閘在十都孔家湖歲久圮　國朝乾隆六年里人周明仁募捐重修因石傷足死嘉慶志

孔涇閘一名孔堰閘在十都新橋灣有河半里許久雨則洩水注曹江俾大小畈田不致淹没自水道既湮近境多澇新橋之後舊港猶存浚治甚易也萬曆志元至正庚子改堰爲之浙江通志

大閘在十都阜李湖西湖水出口處前民建之以時啟閉遇江潮泛溢啟之俾潮水注瀹於湖以殺其勢水漸退則用閘板堵之俾湖下十八堡下田禾水勢先退然後洩放湖中所瀹潮水　國朝乾隆間沿湖居民莫大經等慮菱藕淹没以板堵閘湖水不得入湖邑人朱士駉

等白伍令士備禁止嘉慶志

按阜李湖經湖有東西二陡亹東陡亹石閘廣四尺深五尺灌漑二十二都田九百五十二畝下抵屈家壩築土爲防東至唐家衕爲界西陡亹石閘廣八尺深七尺灌漑十都田一萬四百九十畝有奇下至蔣保大板二河口復建石閘以限漕渠閘有鎖鑰使年高有德者掌之以時啟閉自嘉慶以來惟湖西陡亹閘稱大閘光緒十五年署令王承煦刻七尺水限於大閘石柱上以示啟閉定式○新纂

江墈旱閘在十都光緒十五年洪水衝決邑人王森茂顧兆基等稟知縣唐煦春請款興修以工代賑新纂

倒轉水閘在十都保衛糧田數千畝光緒十五年洪水衝決邑人王森茂顧兆基等稟知縣唐煦春請款興修以

工代賑纂新

俞家閘在十一都拗花莊地隣娥江田地千畝賴閘保衛光緒十五年大水江高閘低不稽盡没邑人周懷珍夏兆炎等禀知縣唐煦春請款改建並築新隄以工代賑報銷洋二百四十元纂新

夏家閘在十一都拗花莊咸豐十年邑人夏文奎創建保衛田廬數十年來村民得紓旱潦之苦一名夏家閘橋纂新

花浦閘在十一都明季鄉人捐建堵濬十二都諸溪之水

不使直流西洩於江灌溉附近田畝年久圮　國朝嘉慶十年里人陳有容等募捐重建嘉慶志　光緒間監生陳文化陸鴻基等稟縣按畝捐修新纂

豐瑞閘一名豐樂橋　在十一都南穴杜浦二莊間　國朝嘉慶三年鄉人按田捐置嘉慶志　光緒十六年邑人龔占梅等稟縣撥款興修新纂

梅溪外閘一名和豐閘　在十一都梅塢村　國朝嘉慶九年梅塢僧俗捐置嘉慶志

梅溪內閘在十一都梅塢村堵滸石雪諸山之水灌溉附

近田畝　國朝嘉慶十年石雪菴僧省元里人鄭開先開國募捐建置嘉慶志

蒿陡壆閘　小陡壆閘俱在十一都曹娥江西與會稽接境萬歷志

泰平閘在十二都道光十一年邑人虞芳捐貲創建新纂

豐安閘在十三都范陽莊舊名王公閘在會邑境乾隆間會令彭某移置今所邑令吳至愉與焉地與會嵊錯壤而建閘處實虞境閘內承蔭田逾百頃而隸虞籍者纔八百餘畝道光間會令德某重修年久復圮光緒十六

年會邑職員司馬㟭募捐重修邑監生金鈞經理其事新纂

龍山陡亹閘在十四都其水自山澗東流入於江閘坐江口截定流水灌田一千餘畝閘廢民甚苦旱明萬歷三十三年令徐待聘重建萬歷志國朝道光間里人吳大鈞等勸捐修築光緒十一年邑諸生張迺縉助貲首創募捐重修增高三尺闊如之新纂

錢村鎮龍閘在十四都滙頭畈土埂盡處舊在閘外浦中國朝咸豐間里人募捐改置今所年久損漏不能蓄

水光緒十六年用義賑局款重修增高五尺新纂

爛泥灣閘在十四都娥江之右光緒十六年會稽紳士董金鑑捐修新纂

保甯閘在十四都箭橋光緒十三年會稽紳士徐搢榮捐修新纂

迴瀾閘亦名姜山閘在十四都章鎮後舊爲橋　國朝咸豐四五年知縣張致高捐俸首創里人張之翰謝簡廷等董其役勸捐改建光緒九年邑紳金堃等以舊閘損漏禀知縣唐煦春示諭捐修新纂

大閘與十都大閘別在十七都下張磐灌大經畈田六七千畝新纂

黃沙壩閘在十八都距縣南四十里埠頭村灌上下埠田數千畝新纂

楊閘在二十都明萬歷間里民捐貲購田從長潭築壩建閘灌溉任溪莊湯問商字號田數千畝　國朝乾隆間謝文五剛英等先後私墾壩外溪灘盜決閘水以溉墾田里人葉鳳山等白邑令禁止之嘉慶志

湖頭閘在二十一都闊一丈防洩西溪湖水入運河萬歷志

龍舌閘在二十一都西溪湖塘南明萬歷間朱令維藩建

萬歷志

鄭家閘在二十一都西溪湖塘西明萬歷間朱令維藩建萬歷志

虞家漤閘在二十一都長二里接漁門東西之水下注運河萬歷志

清水閘在二十二都舊通明壩傍堵洩運河之水關於利害不小宋南渡後寖廢僅存故址嘉定案舊志作嘉泰元年縣尉錢績重建上創石橋下甃陡亹以時啟閉餘姚孫應時爲記記曰上虞越佳邑獨運渠爲民患渠貫邑而西二十五里屬於曹江其堰曰梁湖地勢高卒數

歲一浚未病民也邑東十二里屬於姚江其堰曰通明地勢下傾水容於兩隄間高於田丈餘而夾隄皆深浦址薄土疏故渠數決決則明越之運絕並隄三鄉鄉各一都丈而守之尉以催綱得專其事霖潦則發丁壯具畚鍤輦財用旁午隄側隨隙輒補其大決必先過上流而後即安里正窘於供億大抵破家至於撤屋伐墓以救急爲患豈小哉嘉定之元吳越錢君績爲尉博詢其故或曰隄之決也水無所洩也往者上管有釃水之道曰清水閘渠漲則北洩之於浦今廢數十年矣而故址則存盍復諸錢君行視信然請費於邑益以已俸僅爲錢六萬乃召其都之豪長者以禮勸之君素信於民莫不響應凡閘之用各獻其力不日告具明年秋農隙乃作相命子來無敢惰偷上創石橋下甃陡壐啟閉以時一追舊規因其餘財繕治近隄廣五十尺袤二千尺土石堅密足利永久又明年渠得不決民以大悅歸功於尉錢君謝曰水利非尉職也財力非尉有也幸分運渠之責得從諸君以集事有如悉治其所未及使長隄方軌而多爲釃水之道豈不益善顧其役大費殷芸嘗請

於府及使者而未云獲也吾方有遺憾敢言功乎邑人退而請記於余余惟天下事有志者嘗阻不得爲而得爲者未必有志或不知其所以爲今錢君可謂有志且於不得爲之中獨能爲之有成績矣將使上之人明知其事而動心焉則一舉而運渠之患可以息余又何辭故樂爲之書○備稿案孫應時字季和餘姚人淳熙乙未進士新舊志誤作邑人嘉泰元年尉錢績孫記本作嘉定之元繕治近隄五十尺志誤作五十丈今旣補錄原記悉從刪正　後閘屢圮元至正八年府史王永修築　國朝

康熙四十三年令張珣重修乾隆二十四年邑人錢必彰捐修二十六年邑人劉度陳弈捐修備稿參新舊志增訂是閘橫亘三洞年久坍㘴嘉慶二十一年邑人錢鶴飛捐修同治二年邑人錢榮光重修光緒十六年邑人錢振鈿

稟知縣唐煦春請款修築報銷洋五百元新纂○互見孟宅閘

孟宅閘在二十二都縣城東堵洩運河之水宋嘉泰元年清水閘圮縣尉錢積修後圮尤甚元至正八年縣以白府府檄築海塘府史王永修築永以舊閘小窄不足防水議就故址更加深廣工費頗鉅乃與監邑偰烈圖尹張叔温簿烈古沙等勉各寺僧出三年之貲以助役得中統鈔六百餘錠命等慈慶善寺僧大逵質直司之俾邑人管籌等於大逵處支價買灰石椿木耆民張德潤董其役先清水次孟宅不數月訖工萬歷府志歲久二閘俱

圯國朝康熙四十三年縣令張珦增修乾隆二十四年邑人錢必彰捐錢五百緡呈請邑令王福重建乾隆府志二十六年邑人劉度陳奕請邑令分撥百丈塘羌字三十三號田二畝二分七釐五毫令閘夫與楊家瀝塘長種植輸糧以給歲脩工食之費嘉慶志道光初縣丞傅如岡倡捐重修備稿

四水閘在二十二都縣東南宋令袁君儒建以分殺玉帶溪之水萬歷志

清河坊閘在二十二都萬歷志

還珠閘在二十二都距縣東二里　國朝乾隆四十一年重建每歲春築秋放嘉慶十八年重修光緒十六年邑人車康安復脩新纂

新安閘在二十三都距縣東八里地名包村港明萬歷二十四年縣令胡思伸建瀦百雲鳳鳴車畈諸溪之水於潮河閘凡三洞每洞闊一丈餘上架橋以通往來兩岸皆甃以石置田以資修理定閘夫六名以司啟閉胡令自爲記以勒於石記曰萬歷丙申秋不佞奉天子簡書出令於虞惴惴然惟以曠瘝是懼甫下車即進三老於庭曰不佞以主上命得從諸父老游何以教不佞俾不爲山川草木羞三老僉起對曰善哉

君侯幸辱此言虞人受福且不朽矣虞疲壞也土亢而苦旱數日不雨則田皆龜坼人文夙號彬彬而隆萬以來箕裘漸替不能不厪吾侯之憂也余固博謀輿論環考虞疆西截娥江舊匯爲沙湖導自運河中通阜李成巨浸可一舍而抵縣治治南水源發自百雲巽溪漸流灌於城内分流而爲玉溪郊外舊有横壩閘以障其流而迴波轉注焉久而皆湮没無存矣運河而東則由治直達通明去治東半里許向南有孟宅閘閘下之水盤旋至包村港實巽水所匯處爲江潮之咽喉水口之關鎖而地勢高仰苦瀉直走姚江甯惟一方旱澇是虞實四境風氣攸關則莫如閘包村是急余乃次第經營旣爲修築沙湖蓄一邑之水源又爲更新横壩浚玉溪之壅閼而尤注意於包村顧安所得直乎佥謂兹水之灌田者畝可萬計不閘時苦旱不登閘則歲可倍收化瘠爲腴今第量其承灌之淺深爲輸錢之多寡分爲三則則無逾二錢費均而省情妥而安宜無不帖服如命者已而衆皆稱便遂條議以上請當路當路咸報可於是簡其土著之父老若子弟諳練强幹者俾分任若役而精

簡年高行優爲輿人所推服者一人俾總任列其田號畝數俾隨則輸納著籍又首捐俸爲率先卜日興工而諸會首業家各急公如私輸錢若勸不見見爲厲且讁而德之者殆無俟功成利臻而後見非藉父老措置得宜能爾爾耶凡計工若干直若干歷歲月凡幾而功業有緒然尤慮其佹成而佹圮也則爲增益其高而設東西兩堤以捍激衝慮傍地陡絕高下無從別也則爲厚築橫涇壩立界亭以防盜決慮鉅功既襄無以鎮也則爲建神廟以培毓地靈又慮廟之歲久而或頹也則爲撥田以備修葺另撥祭田贍住持以供春秋祀事亦自余暨一二僚捐俸以倡而邑大夫士民等競以義助所賴任事者協心悉力殆無遺計而閘事始竣自閘事竣與前二閘鼎峙而後虞之水利西顧波如也南望洋如也中流涓涓如也東眺匯如淵如也停泓澄碧之文潾峋如也寓目賞心良可謂一大觀已閘名新安余新安產也民識不忘倘亦鄭渠蘇隄乎余謭謭何敢當顧職忝司牧無日不究心於虞而頃來歲比大稔人文蔚起而魁多士適與厥功相符應則不能不爲虞人喜而抑竊

有懼焉嗚呼事之鮮終久矣括据日不足惰窳常有餘累之歲月而隳之一朝者比比而是蓋前者能爲可久而不能保其後之必久也所冀才賢代至者益有所光大於余而父老若子弟仍善體予意務堅乃心力以無替夙功則余去虞猶在虞也庶幾哉可以免邑人多其懼而滋益喜矣故不嫌自記以申告來者

功復乞倪涷爲之記

記曰吾虞故稱僻壤絕重江而阻羣山鮮藝植魚鹽之饒乏舟車商賈之利而歲輸大司農水衡錢穀有常期小民盻盻所望以畜妻子急公家者獨此力耕之入而厥田中下雨暘時愆穀間弗登胼胝之衆口未及餬而催租之吏已咆哮於其門矣有能力爲之備使歲不爲菑而穫有常稔則民之感其德而不能忘又慮其忘而圖其久也曷足怪乎於乎此新安閘之所以名而記之所由作也邑之東鄙爲包村環村而田者可萬畝周廬臚列亡慮百十家顧湍流迅急直瀉姚江十日不雨則田皆龜坼而枯槔無所復施民貧爭鬻田自給而田苦旱直復日損由是民貧日甚胡侯治虞三月而政通人和於是巡行

阡陌問民疾苦知包村宜閘狀乃大集其父老子弟班荆而問焉地宜閘而久缺者何曰官詘未易舉也民自急而倚辦於官者何曰衆蛩未易齊也吾使若自治而無煩於官吾治若而不蛩於衆何如則皆頓首稱便侯於是削牘條上大中丞直指臺監司大府曰令知上虞毋如包村當閘者第以財力無措故憂民之吏第仰屋歎歷百千年莫之或舉今令已度地宜得其隘可功約而費省復立爲水門居常蓄水水暴漲則酌其盛衰而啟閉之使田不病潦而水常爲澤某山石可鎚而隄某山竹木可使斧而材畚鍤計口而役役不過十日緡錢計畝而輸輸不過半環一而歲穫晦可盈一鍾夫以十日半環之費而歲歲畝益一鍾之穫利莫大於此且風氣停蓄人文亦宜有興者令故以爲閘包村便牘上皆擊節報可侯乃宣布條教察年高而行修者爲老更使籍其緡錢畚鍤之數而分遣於子弟俾各供事曰令不使吏呈若不使皁衣擾若若第受老更籍逸籍者籍逸若者及籍一具而作不中程者令一切以惠文治之衆庶踴躍不戒而趨自丙申嘉平始事迄庚子如月竣工其閘

尺計之高二十有二深半之東西甃石爲臺袤四十有五中爲水門者三袤四十厚各十尺子來之衆爲工五千有奇用錢五百餘緡皆田受其溉者所自効官與他鄉之民無與焉磷磷之石若墉若皇東瀉之川匯爲巨浸是歲有秋穫粟畝一鍾而浙閫賢書亦稱多士居民競欲市田以長子孫直日益老更始上籍報成事侯乃屛騶從禁鞠跽與民臨觀娱樂之而民各爲野人供膝前而進侯撫摩慰勞爲各釂一觴累百十觴驩呼之聲震動山谷㒷前古所未見也父老子弟之言曰鄙人何知饗其利者爲有德方今澤竭而山赭矣而吾儕猶得對妻子飽新飯者孰貽之食侯之德無窮而使其名之不永報德之謂何耳新安侯里遂名其閘爲新安而徵文於余余惟包村非閘則其田不腴我虞非侯則包村不閘渠也而白隄也而蘇閘也而新安人情豈相遠哉蓋賈譽而勤事事雖美弗彰市恩而狥衆衆雖利弗德侯決策而閘包村見包村之當閘而弗知譽之所由歸也爲包村而決策即役及於包村而弗知恩之所可市也不賈譽故其譽也永不市恩故其恩也深夫爲人

臣而恩譽無所分其心此忠藎之極而至誠之軌也執此以往於緩急乎何有頃者微算四出虎而冠者日耽耽於途侯旦暮在事必有所以納牖而回天者有如虜訌塞倭窺遼河決瓠子西南夷不奉詔舉而悉畀之掇若承蜩余於侯皆可券而俟矣○萬歷志

國朝嘉慶間邑人杜咸宜捐修

道光間邑人宣煊重修

新纂○明倪涷詩君不見虞山萃律接天平豐隆送雨天何傾

又不見甫田十萬縱復橫暮春方苦雨朝憂晴天地難全從判剖裁成自有經綸手鼇龍踞俄驚岡阜連虹蟠不放蛟龍走長隄鋼玉匯深浦烈日飛甘作霖雨闔闢乾坤造化權謳歌德澤仁明主四郊稻熟天風香玉粒紅鮮百萬箱輸租不用追呼吏簾捲琴堂白晝長地靈停蓄人文開盡道龍媒渥水來漫云蘇子隄湖績翻是文翁化蜀才公堰民田立民命民碑公堰留公姓烝嘗千載軼西京召伯甘棠良可並世事滔滔猶巨浪狂瀾萬里疇能障望公煉石補天漏手浴紅日扶桑上

永濟閘一名婁家閘在二十三都四明西港計五洞每洞一丈五尺萬歷志距縣東十五里創於元國朝雍正九年里紳萬德新項藎思等稟縣重修制如舊石之圯者易以新橋其上廣六尺并甃石於兩岸各十餘丈固密視舊有加縣令張立行爲之記畧曰皇帝御極有九年夏余始涖虞周覽山川形勢地峻水急陡注姚江非得高埭大陂以障之則涓滴不能瀦旣而東鄉以永濟閘告急於余考志閘橫江五洞綿亘十餘丈爲永甯永興永豐三閘咽喉港出四明雪竇諸山匯合衆溪之流瀉於閘口高下尋丈雨雪便可脛涉元飭官建閘而三萬有奇之田獲蔭其爲務不綦重歟公暇偕紳士詣其地唯見石柱搖搖江波中懸空架木以濟往來兩岸崩塌非僅小補塞隙之爲功者荷天子仁聖軫恤農務凡地方水利攸關者許給備

公項銀修理因具詳請督院前後撥銀一千六百餘兩命匠八飭材庀工增新易舊而民罔弗踴躍趨事故歲僅一周而大功已竣此固由　皇上深仁厚德所致而董事萬君德新曁其小阮堯佐及項蓋思等之力居多焉萬素行善於鄉故其爲工崇廣堅厚什倍於昔廼捐貲以補估計之不足築土隄蓋茅舍畚鍤桔槔竹木麻葦之可稽者約數百餘金更憫行旅無以避風雨閘側特搆一亭而亭後又劃田爲菴曰吾以庇後之司啟閉是閘者其爲計周密如此迄今垂虹百尺俯瞰江心汪汪洋洋倒流三閘因有歸功於余者余曰不然

皇上念切民依發帑惠愷一方吏懼奉行之不力其敢居以爲功且築隄防通溝洫安水藏吏之職也而諸君之董勸更勤且勞焉是役始於雍正九年十月成於雍正十年十一月敘其事以垂後云雍正十一年文林郎知上虞縣事銅江張立行撰

嘉慶十九年里紳萬文塽等重修咸豐六年萬有年羅寶鼎等復修並呈請縣令劉書田覈定

章程穀雨閉閘中秋啟閘如遇水旱不拘此例立閘夫甲首統率啟閉釐剔情弊勒石示禁新纂

永甯閘一名章家閘在二十三都嘉慶志章家溇距縣東十二里舊有土閘明嘉靖間里紳朱袞易以石計一洞上通永興閘下通永豐閘　國朝道光二十二年圯里人朱敏求等重修新纂

永興閘一名莫郎閘在二十三都備稿金烏峯下距縣東十五里舊有閘址明嘉靖間里紳朱袞重建滀東山溇茆溪麻溪諸水又於閘外鑿池曰寒洞池以通四明西溇新纂

永豐閘一名孫家閘在二十三都謝家橋東南里許距縣東十里新纂○案嘉慶志云在箭山北有泉曰小港者誤國朝乾隆十五年里人捐建嘉慶志道光八年里人葉鳴高等重修新纂

康濟閘一名鷂鷹郎壩在二十三都箭山東二里許距縣東二十里國朝道光初里士趙泰等稟縣令周鏞募捐創建雨則洩水於大瀝溝以達港旱則蓄水以灌田備稿

三源閘在二十三都箭山東里許距縣東二十里國朝咸豐二年里人捐資創建新纂

柯家閘一名長壩水利今改堰一本末稱五夫閘韓家閘名濮堰俱在鎮都明洪

武七年知府唐鐸創置舊府志翰林學士宋濂有記記曰上虞有湖名夏蓋延袤一百餘里縣東北衆水經上妃白馬兩陂釃爲三十六渠支分聯絡以達於田凡溉一十三萬畝有奇渠之下流建二石閘視時溢乾而滀洩之歲恆無凶者近代農官失政畚土成塍取給一朝不旋踵而圮旁縣無賴男子當旱暵時又夜半決防以去然湖並於海鹵水或乘潮而入善禍稼舊嘗造隄捍其衝潮汐齧蝕至是亦暴潰民憧憧告病矣乃洪武辛亥冬臨淮唐侯鐸自殿中侍御史出守會稽上虞會稽屬縣人士羣走白侯侯愀然弗甯行海上視決隄與民共約度田以會粟因口以賦庸甃石爲隄自蓮花池至纂風合萬有三千尺始與故隄屬侯斬牲享海神已登民謂曰隄幸成二閘無難者會侯召入爲卿太常遂命僚屬集事其柯家閘廣二十有四尺深如廣之數而羸其一先築土樹檿櫛比星攢度久且不壞方敷以石兩翼四隅咸歛甃如法中峙石楹左右皆有副楔次附板以爲縱閉復隨土形崇卑疏級爲五以瀉水上架石梁以使行

者縻以章計者九百八十有五灰以斛量者三百六十有四石以丈數者七百三十有八匠以日考者一千三百其韓家閘廣減前閘之半深比廣倍之石檻維二級道則減其一仍冠以石梁餘皆同其工物視前匠損四百石損五百灰損六十八縻損二百八十五始事於甲寅秋七月訖工於冬十有二月此其大凡也有道浮屠雷峰淨昱乃具事狀介太史氏朱君右徵濂文記其成余惟成周之時稻人掌稼下地以瀦滀水以防止水以溝蕩水以遂均水以列舍水以澮瀉水其爲法甚備其爲利至久也然而溝澮之屬所可考者其深廣自四尺至八尺或至於尋仞各二先王豈不知害地而廢稼以爲不若是則水性失其常溢則有溺患乾則禾將災矣古制不可復見有能設瀦防以惠民者得不謂之賢哉昔者曾文定公之爲齊州城西北有湖疏爲水門遇流潦暴集則取荆葦爲蔽納土於門以防外水之入公爲易之以石其深八十尺廣三十尺視水高下而閉縱之而禁障宣通皆得其節人無後虞今唐侯之爲閘也其事與之頗相類世言古今人不相及果足信之歟是可

書韓家閘萬歷間丞濮陽傳重脩嘉慶邑人羅康有記
已志
記曰縣北三十里許離爲五鄉西北環以江海左偏三湖其夏蓋湖者又承二湖之委而分蔭東西利至溥也考之湖經能積三湖之水可防兩年之旱今至旬月不雨民輒告病與無湖同凡以水之弗蓄也其所以弗蓄由東注之水如孔堰陸家溝閘河口等地汩汩長逝而莫甚於韓家壩爲水之極衝勢之極迫大爲五鄉要害蓋諸溝之水高下以尺計而此壩下流郎餘姚西界高下盈丈一遇亢陽餘人哨聚而決之勢若建瓴居民束手號籲莫可誰何咸謂今兹之命懸諸天矣今年某月邑侯濮君以水利至旣修築江海紓衝決之患乃巡東西徧閱歷知五鄉之患在此不可不亟舉而先圖也時乃詢謀鳩衆以經厥圖責附近里甲人出一木爲樁發居民若干丁備畚鍤具餱糧程功量力不愆其期高凡若干尺闊十二丈有奇縱横置木中實剛土而外以石甃之經度委曲周密雖敝處寢食與工作同事不半月而告成功且謀之曰此壩去民居稍遠不可不置守以

防侵患於是又理鎮人僧産令爲閘田凡若干畝以贍里之經紀其事而籍名於官者收其租以備修築防盜決而業殆永永不磨矣嗚呼有是哉侯之思無疆也子產曰政如農功思其始而成其終夫爲政而圖其民者鮮矣而況成終以植無疆之績乎侯始涖政不要名不近利日夜以思之朝夕而行之務可久而不惟近功務宜民而不眩勢譽務底績而不矜不伐書曰愼始而敬終終以不困斯其利於民者遠矣昔蘇文忠奏修西湖言杭之有西湖如人之有眉目吾鄉上妃白馬夏蓋三湖蓋臟腑也所賴以生者也既生之又全之其不爲父母之仁乎故爲政者不患功之不能立惟患立心不純無忠誠惻怛之實故鮮攸濟侯一振舉而百年不可起之痼一朝除去病者蘇仆者起侯其仁矣哉於是羣而呼之曰濮公隄亦如白渠鄭國蘇隄然以志侯德以永侯思云侯諱傳別號省愚世爲桐川右族由吏貢拜令職著民某以予知公之深命之以紀歲月備野史其他善政種種固未暇載也○備稿

後里人因閘圮於閘南改築土堰至

國朝同治六年始成石堰增高二尺長九丈梁廣十尺底闊三倍之邑紳杜儀羅寶森羅寶堃田兆祥袁崙董其役新纂

右壩

小查湖土門五一曰小穴湫其水灌於楊樹河頭一曰東塘角湫其水灌枇杷山田二十四畝一曰張年湫一曰大湖門其水灌大江口壩之于家港一曰邱頭湫其水灌於枇山之裏萬歷府志

白馬湖土門一在三都賞家堡唐貞元中置凡三所別於

北門置放水塘四百步今止存其一門每缺水必先作夏葢湖內橫壩及潛瀆等港始開驛亭堰及賞家陡亹行水萬歷府志

右土門

干山溝壟在三都光緒十二年知縣唐煦春有碑畧曰據紳士韓文熙連衡俞琨金鼎嚴寅恭陳冠玉王煥章顧家翔禀稱虞西三湖水利承蔭五鄉民田全賴堰壩關蓄章程並載縣志茲三都干山溝一壟灌溉溝下民田數百畝水由壟放以低界堰爲關蓄是設壟以通水源築堰以止水瀉前人立法周詳奈該處奸民貪捕魚蝦擅將低界堰屢次開掘致上河水勢直瀉遇旱立涸去夏地僡偷開此堰禀蒙前邑主差提責築在案今秋又被奸民仍蹈惡習藐法開放河道驟淺伊等恐水勢奔瀉卽着

就近韓石鄭三姓加工築復惟堰壩重關水利若任奸民窺法漁利則民田糧賦何出聯名公叩出示勒石永禁開放等情到縣據此除批示併諭飭該處地保巡防外合亟出示嚴禁云云○按低界堰即李家堰○新纂

朱家霪在三都驛亭村下爲夏家堰向有霪洞光緒十六年里人募捐在雲慶橋左建閘水滿歸入中河新纂

章家霪在九都江塘章燮二號閘亦稱塘閘明崇禎六年知縣李拯諭復古開濬內通官河外接江流以防旱潦建碑紀事按官霪碑建本村塘內名碑牌頭○新纂

廣濟霪在十都百官大壩頭昔係巡司放水處咸豐七年甯紹台道段光清興復水利以夏蓋湖蓄水甚少西南

地勢尤高灌漑失資首捐廉俸率紳士王棨廉憩棠谷南林季楣捐貲建造在趙字號塘內費以萬計邑人王瑗有水利議畧曰蓋湖廢爲田水無瀦蓄民失其利是以前人設驛亭小穴河清三堰以資蓄洩嗣後田漸佔漸多湖愈侵愈狹每逢潦溢三堰齊縱低田猶可爲計一遇旱乾拱手待枯故六鄉之失旱甚於潦而建霪之議起焉澇則洩以三堰旱則注以石霪二十年來雖雨暘愆期虞西無大歉歲湖旣不可卒復不得已而思其次是亦救弊之良法也今高佃低佃各挾一見農民商民不相通融高佃利於開而低佃以爲病農民利於閉而商民以爲私其故何由善後無術而章程不立也爲今之計其要有四一修霪一導港一準水則高下一別潮汛鹹淡立畫一之規請縣立石較然可守凡一畝一閘恪遵定章不以私意有所左右則高低無所爭而農商無異議矣惟法貴盡善必須農民待澤孔殷又値外

江水淡始邀集紳耆酌放新纂

隱嶺霪在十都覆船山下舊在龍山頭道光十六年谷連元蔣敬勝金儒懷捐貲改建今所舊霪廢新纂

右霪

杜浦南穴埂在十一都杜浦南穴等村東屬山麓西臨曹江潮退則涸潮漲則淹明初築埂造閘保衞糧田千一百餘畝歲久坍損光緒十五年秋霖雨傾圮更甚邑人龔占梅等稟縣請款修築新纂

九連埂自十七都河頭至十三都浦口爲横埂自浦口至

黃泥磡爲直埂長一千三百七十八丈有奇承蔭田三千餘百畝按嘉泰會稽志夏湖溪源出黑龍潭由下管寶泉至浦口又李家溪源出白龍潭由上山鄉寶泉至浦口是浦門爲兩溪所並注由來已久此外更有張村江集諸壑之水亦出浦口源分而流合來疾而去遲當大淫雨連朝羣山之流爭赴剡溪之水外壅附近田疇倏成巨浸九連埂倚傍山陬藉保一隅然猶屢修屢壞居民智力俱窮望洋興歎光緒十五年八月蛟水徧作是鄉尤形頽洞冬十月奉憲檄查賑饑民邑紳經文勘估周家壩九連埂及南堡牛步大埂錢村石閘匯頭畈埂并上張莊埂諸要工一律增修以工代賑邑紳謝煦張祖良董其事經始於庚寅正月三閱月而告竣并條善後章程禀縣頒示勒石是歲民樂有秋於屢祲之後得埂之力甚多○新纂

匯頭埂在十四都舊埂卑狹不能備水旱光緒十六年增

修里人董永懷等分司其事起自錢村鎮龍閘至朱陵橋與梅園埂接長九百數十丈衝要處高廣各數丈書善後章程勒石閘右新纂

梅園埂在十四都娥江之左接敗塘居閘壩而下越陡亹閘至珠龍山復由珠龍山至朱陵橋長一千丈有奇新纂

上沙地埂在十四都娥江之右自石山而下至廣福菴長八百數十丈廣福菴至爛泥灣三百數十丈新纂

宋家浦埂在十四都娥江之右與上沙地埂接自爛泥灣至半邊山長一千五百丈舊名張郎壩浦水壩大浦壩

者在其間半邊山至箭橋小山一百五十丈光緒十六年會稽紳士董金鑑捐貲重修新纂

南堡牛步大塘在十六都塘外爲飲牛溪下流築塘以防溪水之溢長千六百三十丈邇來山民開墾日繁沙淤溪流高於民田屢遭災患光緒十六年請款增築里八竺琴清厲秉中分司其事塘址闊處七丈有奇餘亦三四丈不等牛步塘外并築當水墻田螺墩外并修外塘新纂

上張塘在十七都上張嶴村外兩峯夾峙依山成村山下

大溪源出白龍潭暴雨水溢田受其害居民築埂於山址藉爲門戸長七十丈有奇埂下作霪洞便水出入光緒十六年重修新纂

右埂

嘉慶志崔鳴玉曰水利之事大矣哉亦難矣哉虞邑山多水少每苦旱需湖孔急而佔湖亦太甚約束之尚有佔而墾之者況稍爲寬假乎虞西逼近娥江又苦潮沙湖塘閘以禦潮水自裡梁湖迄姚慈鄞鎮四邑田廬不下數百萬咸藉是以無恐而閘外竈地居民及甯郡貿易之民偏惡之惡之者以閘一堵塞則竈地之潮水未易洩瀉貿易之商船未易通運故也雖然商船之通運可緩而田廬之防護不可緩閘外之田廬有數而閘内之田廬難悉數守土者倘其權衡於多寡緩急之間而不爲所惑也則虞民幸甚姚慈鄞鎮之民幸甚

上虞縣志卷二十三

輿地志六

上虞縣志　卷二十三

上虞縣志卷二十四

輿地志

橋渡 關津附

來慶橋在城西水門内萬歷志

通濟橋在縣東南一百步舊名通利橋紹興間王吏部義朝重建嘉泰會稽志元至元庚辰邑簿海魯丁重修改今名正統志俗呼八字橋歲久復將頹明萬歷三十二年令徐待聘命居民壽來泰等重修萬歷志

永豐橋在縣東城隍廟前俗呼木橋　國朝嘉慶間刱備稿

豐惠橋在縣治東南周顯德中建名酒務橋宋嘉定甲申令樓杓重建元大德己亥邑簿時鑑重修左右有運水道　正統志○按萬歷志云令樓鑰易今名○宋袁燮豐惠橋記略　侯以學從政以政宜民凡可便於民者知無不爲不苟目前之安圖爲久長之計縣市有酒務橋周顯德中所建歲月滋久石或斷缺往來者懍然有壓溺之憂侯顧而歎曰吾爲邑長於斯而吾民病涉如此心可安乎乃以歲計之餘捐金募工伐石更造以舊名額不雅思易之邑人沐浴膏澤推原所自請名曰德政侯不許曰天以豐歲加惠我民事幸而集予何德焉以豐惠揭之其可橋之南北對峙二軒虛敞明潔爽人心目爰請於起居舍人魏公了翁書二大字以匾之初侯興是役也復葺舊石爲橋於蓊水閘之上東臥綵虹西浮巨鼇攬形勢以環合蓄風氣之渾厚侯秩滿去而是橋適成邑人相與言曰令尹雖不言功吾儕能自已乎歸功於天令尹之志也歸功於令尹邑人之志也乃以

德政名閘上之橋而鑴諸石以識無窮之思云

九獅橋在縣東等慈寺前於越新編歲久圮元至正癸未寺僧永貽艮玉普益似蘭大逵等募緣重建洞橋正統志○沈奎刊補云九獅橋題字刻嘉定七年歲次甲戌二月初六日辛丑重修此橋不載於嘉泰志正統志云至正間重建洞橋則九獅橋當屬元代改名嘉泰志等慈寺橋即此○元黃和中詩幾年危磴倦攀躋疊石成功信可稽楹列九獅留舊事車乘駟馬待新題長河俯瞰多飛鷁高岸橫陳有斷蜺多謝老僧能起廢盡將勝概付招提

晝錦橋在縣西南新河口萬歷志○按嘉慶志云在來慶橋稍南則晝錦橋當即今桐橋與西門外晝錦橋別

登仙橋在金罍觀側萬歷志

姜家橋在縣西五十步嘉泰會稽志來慶橋北陳侍郎宅西萬歷志

望稼橋在縣東南通濟橋東又曰虹樣正統志○按嘉泰會稽志云在縣東二里者非俗呼小八字橋萬歷志國朝道光間里人重修備稿

張家橋在通濟橋西南萬歷志

玉帶橋在通濟橋西南萬歷志

玉溪橋在十字街東大池北新纂

吳宅橋在十字街西碟池北新纂

觀橋在縣南一里東即天慶觀嘉泰會稽志

薛家橋在縣西南傍有井泉最芳洌萬曆志

來學橋在縣南書院前萬曆志即今金罍觀前嘉慶志○備稿云萬曆志載來學橋有二其一則曰出西南門再南曰雙溪橋由南而西曰來學橋係泳澤書院前蓋橋因書院得名隨地而並誌之也

清河世澤橋在縣南巽水河亂石壘成小而堅○按正統志有清河坊閘橋云在縣市東南此豈其遺跡歟○新纂

楊橋在縣南一里世傳曹操殺楊修處蓋附會也嘉泰會稽志云俗傳曹操與楊修讀蔡邕所書曹娥碑後未達修欲言操止之行三十里操始悟由是忌修殺之因以名橋正統志引劉孝標世說注謂魏武楊修未嘗過江安得此事語林云操讀碑於汝南所摹者非在曹娥廟也今橋

雖距縣三十里未必以是得名楊修傳注載續漢書云人有告修與曹植飲酒共載出司馬門謗訕鄢陵侯操怒收殺之則修之死不在此明矣宋嘉定中浚玉帶溪得石刻楊喬二字喬作橋正統志陳光祿綘云昔孟嘗爲合浦太守以病自止隱處躬澤身自耕作鄰縣士民慕其德就居止者百餘家同郡尚書楊喬前後七上書表其賢今縣東一里有孟聞云是嘗故宅宅西有楊喬巷橋或由此得名萬歷府志

○王氏備稿云案後漢書楊喬傳烏傷志志節傳皆云桓帝愛其才貌召尚以公主固辭不聽遂閉口不食七日卒則喬雖上書薦孟嘗未嘗一日離朝陳綘金罍子所云亦屬意測但嘉泰志屬楊修不如萬歷志屬楊喬之爲稍得也

胡家橋在縣南楊橋巷玉帶溪東下有小斗門泄水東注正統志　近便西門今塞萬歷志

浴堂橋在豐惠橋東北嘉慶志○嘉泰會稽志在縣東一百七十步

鵝鴨橋在豐惠橋南嘉慶志

佛跡橋舊名通清正統志　在九獅橋東俗呼李打鐵橋石塔猶存萬歷志

城隍橋在佛跡橋南光緒十五年里人經營之妻單氏捐修新纂○以上橋俱在城中

永安橋在縣東門外即釣橋　國朝康熙八年署同知孫

會捐貲重建改名永安康熙志　嘉慶壬申里人捐修又改名通濟道光戊申曹克昌重修備稿　同治五年俞晉劉煇復修新纂

探春橋在縣東門外跨運河萬歷志　國朝嘉慶間重修改名長春備稿　同治十年復修新纂　國朝范蘭詩探春橋上報春回南北山頭霽雪開最是傾城觀太歲彭彭官鼓土牛來

明德觀橋在縣東門外明德觀前舊有日新橋楊仇香所建俗呼楊公橋既圮元至元乙酉胡道山居士同本觀住持丁信立等募建洞橋正統志萬歷志　國朝改建平橋年

分無考道光間胡道士募修備稿

孟宅橋在縣東南一里三十步漢孟嘗所居也嘉泰會稽志亦曰孟閘橋又曰還珠橋在運河南萬歷志○按正統志云還珠橋在孟宅橋外是萬歷志以前分兩橋○宋華鎮詩溪上還珠太守家小橋斜跨碧流沙清風不共門牆改長與寒泉起浪花

竹橋在縣東二里許還珠廟前南潮河口今改爲石橋新纂

陳大郎橋在孟宅橋東二里許下有閘萬歷志

青雲橋在縣東龍王堂側按去縣三里許宋令樓杓建邑人名曰德政圮元尹王璘重建以木易名思賢復圮至正乙未

杜致甫傾私槖架石梁尹林希元又名杜公橋志按正統志公作翁又云橋之北作樓居爲迎送之地明萬歷丙戌令朱維藩北搆文昌南新奎文復創是橋以青雲名焉又名聯登橋志萬歷歲久傾側幾廢國朝康熙九年令鄭僑捐募重建仍名聯登橋康熙志○按乾隆府志誤作康熙元年重修又名聯通橋同治九年復圮錢榮光等募捐重建新纂○元余應璜思賢橋記略昔張忠定公問好官於范延賞而得萍鄉宰張希顏公問其故則以橋道完緝對則橋之爲急務尚矣至元壬辰沂水王公璘奉命尹虞甫及期而敝事舉獨德政橋僅一二廢杜屹平中流且橋在翦水閘西去纔二里縣東舊無橋梁水口山低而遠陰陽家所忌宋嘉定四年宰樓公杓始建此橋以關鎖之厥後儒流登科第持麾節階扆從者相繼有人而邑人生理繁阜尤倍

於昔風水信有徵矣至元丙子橋隳距今凡十八載未有留意於斯者公徘徊慨息爲興掓計乘農隙而事木材蓋取其力省而功速公之心豈不仁且智矣乎公之爲政皆卓然可紀然自爲不足不欲襲舊名於斯橋而易之曰思賢其視無錙銖之功而欲掠山邱之名者萬不侔矣然天下事皆成於思思前賢而行其政政亦前賢矣思愈精行愈善雖卓魯可也樓公云乎哉

清水閘橋在舊通明堰側萬歷志

謝家橋在舊通明堰東五里許萬歷志○按橋字今名太平橋

豐震橋一名朱張橋在縣東七里橫逕壩西新纂○以上橋俱在二十二都

包村橋在縣東八里包村巷新纂

長豐橋一名後橋在縣東十里朱巷北新纂

旋家橋　錦衣橋　濟荒橋俱在縣東十五里永興閘南三橋鼎列新纂

萬春橋在縣東十里姚村咸豐辛酉燬於匪同治五年姚玉涵姚芝田等募捐重建新纂

呂家橋即萬歷志李家橋在縣東十二里四明港口亦名萬緣橋道光四年呂順茂重修新纂

石溪橋即萬歷志戚家橋在縣東十五里石溪港新纂

太平橋即丁家橋在縣東十五里丁家港舊一洞在丁村南嵗久就圮同治八年丁廷順改建丁村西南增爲三洞新纂

萬家橋在縣東十五里永和市西新纂

清和橋一名小雙橋在永和市新纂

西石橋在永和市南里許新纂

萬安橋在縣東十八里覆鐘山下今就圮架木其上新纂上四橋在四明西港

七星橋在縣東十六里項家村新纂

張相橋在七星橋南里許新纂上二橋在四明東港

轉水橋一名東泰橋在蠶子湖東與餘姚縣接界新纂

八字橋在縣東二十里箭山東嘉慶志

安甯橋在八字橋側乾隆四十八年趙嘉業等捐建道光二年趙泰等捐修新纂

賀溪橋在縣東二十里賀溪新纂唐賀知章常家焉溪北小橋刻賀溪橋字萬歷志○明徐希歐詩淸溪一帶小橋斜共指山陰道士家西望鑑湖流不盡雲蹤何處不煙霞

興元橋在賀溪橋東新纂

鎮陽橋　阮江橋一名萬春橋在縣東三十里建隆畢新纂○以上橋俱在二十三都

東黃浦橋在縣東二里嘉泰會稽志明嘉靖中令江公楠重建

萬歷志 後圮 國朝嘉慶二十四年錢其棟錢佩勳錢芝曉錢名魁鍾與權等重建光緒十五年橋漸圮錢振鈿等募捐重建 新纂

落馬橋在東黃浦橋北 萬歷志○嘉慶志在縣北門外四里許 國朝乾隆二十七年錢必美捐建環橋改名萬安橋道光初圮里民募建平橋旋又被水衝斷道光二十六年夏廷俊劉耒等捐建改名萬年橋 備稿 同治五年俞晉劉煇重修 新纂

安慶橋在縣東超凡埭河張家壩南數十步 新纂

任家匯橋在東黃浦橋北 萬歷志 今廢 新纂

東望橋在新通明壩下明嘉靖己未建姚翔鳳有記萬歷志橋側有太平菴俗呼太平橋　國朝道光二十三年葛錫昌等募修俞廷颺撰記三十年遭大水復圮咸豐元年再修備稿○明姚翔鳳東望橋碑記通明鎮爲虞姚孔道壩東百步許舊有木橋狹小傾側行人危之歲丁未余懸車歸里慨其不便捐俸三十金易之以石歲丙辰寇報孔棘縣令張侯急計完城將石折取其半而是橋幾毀李侯代至下令地方修廢規制初合以用不敷而功虧一簣因循至今風雨摧剝勢復就圮姚邑義士周輪旁觀憤激創謀恢復鳩材僦工身任其勞更得新安良賈江雲衢率先協濟不吝施舍鄉鄰之民子來輸力累石則增其新實土則堅於舊蓋將圖永甯於暫費而非復昔日之苟完者矣經始於冬十一月閱月而告成廣一丈有奇修二丈且增之其上翼以扶攔龍維鵲駕穩若康莊亦足爲縣東下流之砥柱而屹然

壯觀因名之曰東望橋嗚呼徒杠輿梁王政所載今之爲邦者未始爲不急之務也今世有司政罷事夥不遑議及不有好義之士起而爲之其不致孟子之譏鄭洧單襄公之咎陳國者幾希則是舉也下有利於人民而上以寬公家之責其功之大有不可泯者乃勒石道左具書始末用昭不朽且以勸後云爾時嘉靖己未冬十二月吉旦

通濟橋在東望橋側俗呼梁鳳橋 國朝乾隆間夏天球等募修 新纂

五雲橋卽唐家橋 萬歷志 明萬歷八年方策等重建歲久圮 國朝康熙三十六年陳文信等重建咸豐元年謝龍章等募修 新纂

永雲橋即智果寺西洞橋 在四汊港水口閘下 新纂

大通橋即寺下橋 在新通明堰外 萬歷志 石湫頭水口 新纂

上木橋在五雲橋東二里餘夏姓修 新纂

廣濟橋在夏家湖霪外水口堰上 新纂

望仙橋在縣東木竹山前舊係木橋 國朝乾隆庚寅姚史氏改建石橋 嘉慶志○按今亦稱下木橋

新石橋一名高橋 當十八里河之半南至四明北至二一都鎮都爲邑東要道建自何代莫考光緒八年朱國泰等重修有碑記立於橋東廟壁 新纂

王家橋在新通明堰外萬歷志

湖埭橋卽舊志所云大姚山石橋在湖霪頭新纂

七板橋在夾塘叢桂坊下新纂

鎮虞橋在新通明堰外姚翔鳳有記萬歷志○按亦名丞相橋相傳宋史彌遠建明萬歷七年姚翔鳳移西十丈重建

陳哨橋在新通明堰外萬歷志○按是橋今不知所在或云卽鎮虞橋蓋陳哨丞相音近致訛也

閘橋在大湖門大閘上姚虞以此分界新纂

界橋在甘家埭口新纂

永福橋在通明江七里灘舊有永福渡國朝康熙間戚廷元妻章氏捐建凡七洞俗名新橋嘉慶志○案嘉慶志本作乾隆丁卯許廷元妻章捐建實誤有戚章氏節孝表可據今正道光間許宗耀募捐重修備稿

安家渡橋在縣東北二十里通明江新纂○按嘉泰會稽志所載安家渡即此

○以上橋俱在一都

南釣橋在縣南門外巽水菴右歲久圮王敏改瓴萬歷志

板橋在縣南門外五里許萬歷志○按正統志作縣南七里上舍嶺下

五郎橋在二十一都上舍嶺下前封廟左新纂

普濟橋在縣南上舍嶺西南長約二十餘丈里人捐建明

邑人知州丁時捐金搆橋菴亦名普濟菴萬歷志嘉慶志

楊婆橋即通濟橋在普濟橋西十八二十二十一都羣水聚流撼激洶湧過者病涉里人丁照創建孫秉禮重修叙菴守之萬歷志

利濟橋即楊公䏊韓呂葉橋　厲婆橋　管村橋上四橋俱在十七都孔道

蔣家山橋在十三都十五板橋同上○按正統志十五板橋去縣西南八十里十四都都里均與章家橋在十四都章埠寶泉寺橋在十六都道光間李克成募捐重修增高四尺易名安濟俱在普濟橋之西萬歷志○明張儼楊公䏊碑記略虞邑惟南多山田皆仰溉於澗溪之水往往累石截流瀦其水派引而注之田俗呼爲䏊十八都邑南山鄉也其地舊有田家䏊引黃

洞溪水入灌寶泉等鄉田數百頃宏治間豪右侵蝕爲田嘉靖甲申春邑侯楊公下車亟命政復之令下民爭趨事公復按視指其地曰脫水漲得毋沙石塡淤乎水溢横流甽且廢矣非經久計仍命當甽要害處立閘一所啟閉宣洩以防泛溢壅塞之患甽深二尺許廣尺十有二長丈三百四十有奇閘高八尺濶六尺址廣二丈甽之復以是年五月既望再閱月而閘功告成耆民丁潛等曰昔魯宗道令海鹽疏舊港導海水民以爲利因號爲魯公浦事正相類請更甽名爲楊公甽而以記請遂書之碑

萬安橋一名楊行橋在章家埠新纂

朱陵橋因村得名新纂○上二橋在十四都

永濟萬安橋在西李村乾隆間王名順創捐田三畝餘嘉慶二十二年嵊邑唐克君及童姓建道光八年重修同

治八年王次諧改建光緒十五年洪水斷橋貝大宗募捐重修長十五丈廣四尺餘旁建土地祠三間爲行人駐足之所新纂

通濟橋在畫佛溪嘉慶間有王石匠者募建石橋數年旋圮咸豐間厲祖高許壽春等募建木橋並捐田六畝餘新纂

後浦石橋凡三洞廣七尺長五丈餘新纂

闞西橋在魏家村長五丈餘新纂〇以上橋俱在十五都

隱溪橋一名溪上橋界十五十六兩都間嵊邑俞永康創造久

圯王次諧等糾會置產作木橋施度筏新纂

安溪橋一名寺橋創於唐石梁凡九洞道光三十年重修新纂

永平橋在石溪石梁五洞道光二十五年東陽縣人竹匠吳喜法捐貲獨建新纂

陳郎橋在牛膝頭王錫榮建新纂

鎮龍橋在蔡宅村新纂

湖水橋在南堡村右新纂○以上橋俱在十六都

落馬橋在俞傅村西新纂

觀音橋在任村前新纂

呂村橋在呂宅村新纂

韓宅橋在韓宅村東新纂

陳墩橋在陳墩里人捐田駕木修葺新纂

吳村橋在吳村堡外石梁七洞咸豐間陳君裕建新纂

永年橋石梁六洞吳姓建新纂

馬艮溪橋石梁四洞許三茂建新纂

主山橋在下張嶴新纂○以上橋俱在十七都

永甯橋在十八都湖溪舊有石橋久圮乾隆庚寅丁邦玉邀族人捐貲建立木橋並置陶字號田四畝一分零唐

字號田二畝一分零以爲歲修之資暴漲橋壞則結筏爲舟日給篙師百錢謂之義渡以濟行人橋復乃已邑人陳燧撰記新纂

新攻橋在縣南橫塘嘉慶十一年周大成剏建始基未幾卒嵊邑俞承康前後捐貲完竣里人韓立功贊助之陳均有記計二十一洞橫亘五十丈有奇併置田地十九畝零作歲修費後圯修產被侵同治八年經營之捐貲駕木盡復舊產設董經理每年報銷在案據嘉慶志縣冊纂

上橋一曰大轝橋杠在丁宅街左咸豐元年丁維鎔捐田三畝餘

創建穀雨後拆重陽前駕收田之所入以爲歲修之資

邑人王莘撰記新纂

永恩橋在丁宅街舊爲木橋嘉慶十一年徐五德妻鮑氏

改建石橋嘉慶志亦名後橋新纂

迴瀾橋在埠頭村新纂○以上橋俱在十八都

通澤橋在縣南四十餘里釣臺下嘉慶七年石匠周大成

募建里人陳夢星陳韓燕董其事三年乃成邑人胡如

瀛撰記嘉慶志今廢新纂

太平橋在縣南五十里太平山下萬歷志

虹橋在縣南五十里與太平橋近嘉慶志○嘉泰志載虹橋在縣東南一百五十步郎虹樣橋非此虹橋○以上橋俱在十九都

沈家石埠橋在縣東南萬歷志舊設板橋水發撤橋設簰渡道光二十八年義民徐湘佩募建石橋備稿後圮今仍用

板橋新纂

管溪橋在縣南管溪萬歷志徐姓建舊爲太平橋有水門二十餘洞屢被洪水沖壞今改木橋新纂○國朝徐允達大橋秋漲詩雲垂水立渡頭喧萬壑爭流赴海門乍擬銀河天上落旋驚灩澦峽中奔乘風有志慚宗慤作賦無才弔屈原八月廣陵曾許約且從此地看潺湲

鹿花橋在鹿花溪　國初徐姓建同治間徐葨齡修新纂

松化橋在錢溪烏石山麓石質松章廣可四五尺長丈餘新纂　國朝徐允達詩由來臭腐化神奇千歲枯松變石圯質類螭腸無造作斑如狸首不支離杖藜有興頻經過欹枕何時慰夢思豈待斷橋無復板始憐臥柳自生枝

新安橋俗名大莊橋在錢溪下管徐姓建新纂

鎮山橋　太平橋在白水溪唐衙徐姓建新纂

永安橋在燕窠村新纂

中理橋在管溪西山下今用板橋新纂

綠水橋在青山廟下渡山澗徐樹立建新纂

惠源橋在阮家湖東道光五年徐嘉會等建新纂

黄洞橋在黄洞溪光緒十五年圮今用板橋新纂

新宅橋　横笆衕橋在任家溪新纂

周家橋在谷嶺任姓捐建新纂

上山橋在梀樹潭下流新纂○以上橋俱在二十都

西釣橋在縣西門外萬歷志嘉慶二十三年黄昞捐修邑令李宗傳立碑今毁新纂

永慶橋在縣西門外跨運河萬歷志俗呼蒲灣橋新纂

晝錦橋在西門外司馬第西進士陳景祺殉難處新纂

西黄浦橋在縣西五里廿一都正統志○嘉泰會稽志在縣西二里去永慶橋三里萬歷志光緒元年蔣德功重修新纂

昌福橋在縣西門外沿河北岸萬歷志

黄家橋在縣西十里通孫家湖水出運河萬歷志

華渡橋在縣西十五里嘉慶志○按嘉泰會稽志載華家渡在縣西十里即此其易渡爲橋年湮莫考

蔡墓橋在縣西二十里嘉慶志道光間朱茂楠集貲重修新纂

國朝范蘭詩登橋別暮船步入山村夫村樹黑如煙山人自知處

黄公橋在縣西二十里通皁李湖水出運河萬歷志

徐義橋在縣西二十五里萬歷志○或云卽大板橋

蔣家閘橋在蔣家堡每歲小滿築閘堵阜李湖水立秋後十日開放永爲定例新纂

八字橋一名乘龍橋在黃家堡新纂

大板橋在縣西二十五里通阜李湖水出運河萬歷志國朝乾隆癸未陳文燦重修咸豐三年曹克昌等募修備稿

大板閘橋在曹家堡每歲小滿築閘堵阜李湖水立秋後十日開放永爲定例新纂

文昌橋在祿澤廟東新纂

蘭水橋在倪家堡北倚蘭芎故名新纂

西湖橋在梁湖東北張泗君廟側新纂

福泉橋在梁湖後張村新纂

永樂橋在縣西梁湖鎮萬歷志

太平橋在縣西梁湖鎮萬歷志國朝嘉慶間王望霖陳一永言等重修備稿

南安橋在梁湖洪山廟前新纂

北安橋今名安鎮橋在梁湖鎮新纂

無量橋在沙湖塘側跨運河下有閘備稿○互見水利沙湖塘

百官橋一名舜橋在龍山麓萬歷志

始甯橋在百官市俗名桃園橋新纂

袁山橋去百官西北一里餘有上阜曰袁山舊有袁姓村落故名新纂

交界橋在百官下市龍鳳兩水交流故名新纂

穰草堰橋俗名三朋橋去百官五里而近舊爲穰草堰蓄龍鳳峩眉諸澗之水自堰廢改爲橋同治五年王鼎捐貲重修新纂

下疊橋在佛跡山右上妃湖尾閘新纂

新建溝橋在新建爲後郭後村水港關鍵新纂

新豐橋　建安橋　慶豐橋俱在新建新纂

天成橋　挂角橋　萬安橋俱在後郭新纂

草菴橋　大有橋　永豐橋　福隆橋俱在湖田三社新纂

寺橋一名元橋　福菴橋　鎮安橋　鎮平橋　壽生橋郎古柯莊溝

出水橋俱在前江新纂

廣福橋　餘慶橋俱在葉家埭新纂

十都橋在施家堰官塘下橋北爲九都橋南爲十都新纂○華渡橋至此俱在十都

亂將橋俗名亂箭橋在丁家埠相傳晉袁崧殉節橋下八將同殉得名新纂

跨湖橋在夏蓋湖口光緒十一年連思唐集貲重修新纂

古同人橋在天水菴西道光季年橋被江潮沖潰值海塘險要知縣張致高屬邑紳連仲愚移橋石築海塘權置木橋以便行人同治五年連氏捐貲重建石橋新纂

嵩城橋在嵩城市萬歷志

永興橋　廻龍橋　槐花橋　古木橋　馬簡橋　賢才橋俱在嵩鎮新纂

太平橋　西成橋　西安橋　武莘橋　太安橋俱在西華村新纂

萬安橋在雁步村道光二十二年章祖炎重建新纂

太宇橋在章家市新纂○以上橋俱在九都

蓮池橋在杭村新纂

公仁橋俗呼三眼橋在阮村新纂

寶善橋在退塘畈道光十八年重建新纂

域瀾橋在雙楓廟前康熙十六年建同治四年橋壞王昶重建

五福橋在丁徐村北即舊思湖堰新纂

分金橋在縣西六十里傍有義遜院嘉泰會稽志　在縣西北戒德寺側萬歷志　在鄭村相傳有兄弟分金不願獨受餘貲爲建此橋新纂

書院橋　會龍橋　化龍橋　鎮龍橋俱在分金橋西新纂

○以上橋俱在六都

太和橋　太平橋　六秀橋　滁澤橋俱在嵩鎮西新纂

鎮龍橋在瀝海所東門外明萬歷壬戌建　國朝康熙十一年重修五洞長七丈新纂

福龍橋在瀝海所西門外明萬歷壬戌建　國朝乾隆二十六年重修十九洞長二十餘丈新纂

鸛橋在瀝海所城中亂石疊成十二洞新纂○以上橋俱在七都

崇善橋　永甯橋俱在江口村道光同治間邵佳木余增榮等捐修新纂

福勝橋在五汲港康熙間建道光十九年余錫祚重修新纂

敷文橋在淩湖村向爲木橋咸豐十年邵棠改建石橋新纂

古淩湖大橋在淩湖村新纂

聚錦橋在江口村嘉慶十八年重建新纂

古苗橋　北海橋俱在林中堰新纂

鎮安橋在潭村舊爲木橋乾隆間被水漂沒改建石橋新纂

○以上橋俱在八都

永豐橋在縣西半山西南萬歷志○今無查

北釣橋在縣北門外半里許嘉慶志○按正統萬歷志作北門橋

元貞橋在縣北門外萬歷志國朝道光十八年王載嵩募捐重修備稿○縣令龍澤澔元貞橋碑記略邑北郭外里許後新河舊有元貞橋駕石梁以便往來年久圮落行者惴慄而未嘗有過而議之者余下車伊始道經圮上目擊廢頹竊有志重修而未逞也嗣王君來見欣然以襄舉自任集議勸捐不旬日得各鄉紳富捐貲五百九十五緡伐石庀材諏吉鳩工王君復首出私

囊以飲且晨夕率作不辭辛瘁親董其事自十八年冬以迄今春數閱月而蕆事夫斯橋之待修有年矣有志者苦力之不及有力者慮志之不堅因循日久而橋之不即傾圮者幾何哉茲則頽者修廢者舉崇墉砥柱如履坦途誠非王君樂事趨公之誠諸紳富好義樂輸之助不克逮此

狗頸橋在元貞橋西今廢 萬歷志○按橋今尚存易名久敬

黄義公橋在二都 水利本末

半路橋 一名迴龍橋 在楊家溪西北 新纂

馬慢橋在孝聞嶺直北相傳宋高宗過此馬不進故名 萬歷志

和尚橋在縣西北破岡畈 萬歷志○黄義公橋至此俱在二都

雲慶橋在縣北驛亭朱家霪右道光三年李栻重修新纂

學堂橋在縣西北四十里傍有朱侍中廟嘉泰會稽志。有辨詳古蹟讀書堂

小越橋在縣北小越市萬歷志

鶴院橋在小越新纂

利濟橋在小越聖顯廟西昔村人用堪輿家言於是處築土埂旁設小堰今埂加廣堰易爲橋新纂

朝宗橋在小越市舊爲方橋商船多礙光緒十五年袁嵩募捐改建環橋新纂

會源橋在朝宗橋北新纂

景定橋　鎭東橋　史家橋　福仙橋俱在小越市西北新纂

積慶橋俗名三洞橋在小越光緒十三年陳濮泉重修新纂

古渡航橋在小越光緒四年陳浚妻楊氏重修新纂

新橋在小越舊爲蔡家堰道光初年改建新纂

宋郎橋在宋郎莊宋承務郎陳應宸僑居於此故名新纂

臨山橋在大山下新纂

伏龍橋在大山下相傳明初建萬歷四年衆姓重建新纂○按

正統志有福山橋去縣北四十五里伏龍山北今無查

思成橋在伏龍橋側新纂

陸星橋一名陸港橋在陸港村旁新纂

橫山橋　栗樹橋在縣北伏虎山北萬歷志○按栗樹橋在西羅村後舊志誤

惠宗橋在羅氏宗祠前道光二十二年羅寶堃修葺光緒四年羅寶鏞重修新纂

羽鳳橋　來鳳橋在西羅村南新纂

馬止橋在西羅村新纂

東羅橋一名孔家橋在東羅村新纂

東新橋在東羅村東北嘉慶間架木爲之道光八年衆姓醵金建石橋同治五年羅寶堃等重修新纂

趙巷橋一名鎮龍橋在和穆港道光二十二年趙姓修葺同治五年田清鴻重修光緒十二年趙啟堂捐修新纂

長盛橋在朱家灘北里許道光二十九年羅寶堃籌款重建新纂

薛巷橋在薛巷村西南道光二十九年田兆麟妻馮氏田兆熊妻羅氏同修光緒十年胡文田胡應元復修新纂

致功橋在王牌下村西光緒五年羅寶堃建新纂

積慶橋在大廟羅村後乾隆十六年羅學崗捐修光緒十三年陳濮泉重修新纂

祝聖橋在石家村西乾隆四十九年石顧氏重修光緒五年石王氏石羅氏同修新纂

永錫橋在石氏宗祠前光緒五年石李氏石俞氏同修新纂

○以上橋俱在三都

黎山橋近大山下村新纂

大通橋在五車堰爲姚虞分界處新纂

九龍橋在横山西南向爲木橋五洞行人難之同治十二

年里人捐貲建石橋三洞新纂○以上橋俱在四都

茹謙橋向爲夏蓋湖放水溝湖陞爲田改建石橋新纂

南畝橋爲夏蓋湖要道且爲湖田岸田分界處新纂

謝功橋爲胡閭謝家塘等村水陸咽喉新纂○以上橋俱在五都

大夫橋在縣北三十里嘉泰會稽志　五夫鎮志萬歷唐會昌三年建余球有記東齋記事紹興上虞有村市曰五夫故老云有焦氏墓於此後五子皆位至大夫因得名俗傳秦始皇封松爲五大夫於此非嘉慶志○余記載金石志　國朝乾隆八年橋圮濬土得石楹鐫云鉅宋元祐五年歲次庚午

九月庚戌朔十四日賜紫智隆同僧俗募修乾隆十年潘潮妻鄭氏捐貲重建五夫志

小寺橋　虹橋　新橋　蜆橋　丁家橋　孟橋俱跨五夫河五夫志

小孟橋跨東七里港杜邦憲建五夫志

西山橋　千家橋在千家畢五夫志

茹家橋在應家漕北跨西七里港五夫志

溪橋在大雲畢口跨大雲溪今名大雲橋五夫志○以上橋俱在鎮都

西南釣橋　閘橋　永昌橋在縣西南門外萬歷志

黃家埠橋在縣西南門外稍南萬曆志

合清橋在縣西南門外直南東西兩溪合流處洪水氾濫時則波濤衝激橋梁屢壞周袞創搆石橋分爲三洞以泄其流萬曆志○按府志作合溪橋

雙溪橋在縣西南門外與合清橋近萬曆志

躍龍橋在縣西南門外明縣令朱維藩建萬曆志○按嘉慶志作在縣治西南

望湖橋在西溪湖邊同治間劉松春劉際清同建新纂

慶福橋在前半湖舊用木橋光緒十六年里人募捐改建

石橋新纂

大官橋在象田溪光緒四年梅傳木募建新纂

萬年橋在高沙墩東光緒十二年梅傳木募建新纂○以上橋俱在二十一都

梅樹橋在蒿壩塘外新纂

會源橋在蒿壩塘清水河新纂○以上橋俱在十一都

玉帶橋在虹漾村握登山下新纂

永豐橋在崑崙村前道光二十五年重修新纂○以上橋俱在十二都

鎮魁橋在飛起鳳山下新纂

永安橋在葛仙嶺下新纂

侍郎橋在解元山下有浦曰漁浦新纂

葉浦橋在葉浦水發源於花墅諸山下通娥江舊有橋久廢明嘉靖間葉俛王滙王克義重建更名兩義橋新纂○以上橋俱在十三都

按虞邑橋梁多難勝數舊志過略擇尤要者增入之城都鄉都序次略仿萬歷志其舊橋創建年月及人姓名無可攷者經後人修葺但書某年某重修明非創建也用嘉泰會稽志例

渡

梁湖渡去縣二十五里按萬歷志作三十五里西接會稽在曹娥廟

前嘉泰會稽志渡夫三名萬歷志國朝咸豐八年石瑛倪暄夏廷俊沈初昇等稟縣詳憲捐添義渡船四艘並建康濟堂公局三間給發渡夫工食祇渡商旅其一切差徭責成官渡詳請立案咸豐十一年遭寇變船失局燬石瑛復邀陳丙柴福標朱東高等數十人捐錢設復義渡及公所鄉人樂善者多醵金以助石瑛等初置得海鹹重芥薑光弔等字號又附沙字號民田廿三畝六分六釐零芥字號地六分智字號丁田三畝百官段丁田十二畝同字號曹娥段丁地四畝禮信等字號竈田八畝三分零仁禮智信等字號竈地十九畝九分零里人華登仕等復助得海重芥位等字號民田六畝一分零百官段丁田五畝五分零百官段丁地兩塊信字號竈田百官段竈田共五畝

五分禮字號竈地二畝八分　光緒十年曹娥局員豫章葉元芳復添設渡船一　捐貲爲歲修之需並於江干建一葉亭以憇行旅曹娥場大使張汝楫有記新纂○明宋岳詩渡口夕陽斜長遊始問槎天低雲接樹風急浪平沙倦鳥依帆下征人隔岸譁眼前風景別詩意屬誰家○施經詩兩霽臨江渡潮聲拍岸過秋深猶遠戍身老復沉痾書劍蕭疏久風煙感慨多醉餘聊自慰詩寄碧山阿

亭山義渡在縣西南三十餘里古里村嘉慶十一年顧玉華捐置立有碑記新纂

蒿陡渡即嘉泰會稽志嵺渡在縣西南四十里蒿壩按萬歷志云在百官稍南非

渡夫一名舊有店屋基地兩間蒿壁莊鱗字號田二畝

二分狄祁莊鱗字號田一畝地三畝五分以給渡夫工食　國朝嘉慶元年倪永言捐貲添設渡船一并捐鱗字號田七畝有奇地一畝五分爲修船歲貲又捐鱗字號田九分爲修廠費邑人張駛有記嘉慶志

花浦義渡在花浦村江口同治間陸泉香陸清濂等捐置羽字號田二畝四分四釐羽字號地五畝九分八釐作歲修渡船之貲新纂

上義渡一名饅頭山渡在縣西南花浦杜浦二村間鄉人自建自修有羽字號公地十八畝給渡夫工食嘉慶志

上浦渡在蒿陡渡南按去縣西南四十餘里即羅家渡渡夫一名萬曆志

蔡山渡在縣西南五十里按嘉泰會稽志作三十五里蒿陡渡再南渡夫一名嘉慶志○宋高似孫詩江上人家破竹門潮來水長浸籬根鮆魚一尺枇杷小放溜船來酒滿尊

浦口渡一名丁村渡在縣西南五十餘里嘉泰會稽志作四十里與蔡山渡近渡夫一名後改爲義渡邑人丁康山捐置嘉慶志

沐憩渡一名沐溪渡在縣西南五十里爲剡溪下流娥江之潮止此渡夫一名相傳有仙人沐浴憩此昔王子猷訪安

道於此囘權萬歷志向係官渡後士人設爲私渡往往索錢　國朝嘉慶十一年迎瑞菴僧法餘捐設渡船一并募建普濟菴路亭以爲憩息之所十二年邑人朱某復添設渡船一行者便焉嘉慶志　同治三年徐瑞祺捐田二十餘畝地一畝五分池四分一釐爲歲修之資勒石記之新纂○唐陶翰詩潮來勢轉雄獵獵駕長風雷震雲霓裏山飛霜雪中

青山渡在沐憩渡北渡夫一名萬歷志○按在縣西南四十五里霸王山下

杜浦渡在青山渡北渡夫一名萬歷志○按嘉慶志云在縣西北與百官渡近誤

章鎮義渡在縣南章家埠置船三艘間日輪渡一爲康熙

間葉彰義捐田十八畝建置立碑廣福菴路亭一爲道光七年王會元陳克立等捐田地十五畝建置立碑江濱張神廟一爲道光十四年下沙菴僧善道捐田地十五畝建置立碑廣福菴路亭新纂

張墅義渡在縣南下張墅國朝康熙間丁錫蕃捐田五畝建置并捨地建菴立碑新纂

前溪義渡在縣南二十里丁宅街國朝乾隆間丁思孝等捐置並捐田六畝作歲修資嘉慶志

管溪義渡在縣南三十里管溪總納九溪每夏秋屢有水

患徐世勛徐士奇各捐田二畝三分零每逢橋壞置筏作渡由徐氏族中經理有義渡助田碑新纂

百官渡在縣西北四十里宏治府志○嘉泰志作三十里百官市口渡夫二名萬歷志國朝道光初年會稽胡潮梁世臣捐資首創義渡邑人陳綺樹襄助之建立惠濟公局設司事給發舟夫工食商旅稱便至二十年共計明越紳商助田二百五十餘畝同治光緒間姚甯各商續助田九十畝零有助田碑立在義渡亭并大舜廟新纂○宋李光詩曉雨微茫水接天隔江茅店有炊煙杖藜獨步沙頭路猶記當時趁渡船

後郭義渡在百官渡西地臨江滸舊有渡費錢且需時間津者苦之兵燹後里人設二舟分兩處募工時虞不給光緒十四年金鼎等募置田地草蕩一百九畝三分每歲所入足敷篙工修葺之費爰立簿書定規約合兩舟爲一處就近愼選妥董照料稟縣立案新纂

趙村渡在縣西六十里嘉泰會稽志爲明越要道舊渡久廢國朝道光十五年王南明募貲建設義渡江船二艘光緒十三年連氏敬睦堂置田二十五畝零新纂

章家義渡在縣西去趙村渡四里江船二一爲章長慶鄭

國彪顧姓施助一爲桑東和兄弟出貲捐助桑氏捐助麗玉出崑岡等字號田地共三十五畝八分六釐五毫又補助露字號田二畝六分六釐五絲○新纂

孫家義渡在縣西道光十六年余錫祚創設光緒七年衆姓捐田三十畝有奇爲歲修工食之資新纂

譚村義渡一名商義渡在縣西新纂

花弓義渡在縣西道光間朱嘉德陳春茂等募捐露結殷湯所等字田三十三畝九分零爲歲修之資助田各姓氏勒石江塘新纂

許戴義渡在縣東舊通明堰下三里戴龍菴前　國朝乾

隆五十一年許鳳彩捐宇字八百六十八八百七十號田共二畝四分以作歲修繩索之費嘉慶志

四明港義渡在縣東十二里潮汐往來行旅病涉　國朝道光二十六年姚玉涵陳清直孫開遠等捐募創設咸豐六年置王字號田七畝零嗣因所費不敷玉涵子秉震復於同治十二年與陳樑等復置王字號田九畝零作義渡諸費勒石記之新纂

横江渡在縣四十里嘉泰會稽志

指石山渡在縣四十里嘉泰會稽志

虞大渡在縣十二里嘉泰會稽志

方家渡在縣二十二里嘉泰會稽志

姚家渡在縣十五里嘉泰會稽志○按上五渡並見嘉泰志舊志不載今興廢不可知附錄俟考

萬歷志曰橋渡之設利涉攸資其橋屬通衢工鉅而濟普者或置田房以贍或設菴亭以守即僻且微者亦必擇士著誠篤者民主之稍圮即甃治之無使積弊壞而不可葺至於渡舟亦然其夫尤宜擇人若令無賴積棍充役借公而利私名以濟人而實以擠人也昔瓠里子歸越相國使自擇官舟以渡舟泊滸者無數不能辨傍有言者曰第視其敝篷折櫓而破颿者即官舟也今之以舟爲官舟者豈少哉

梁湖閘今廢舊稱洪熙元年巡按御史尹崇高奏革又考

南關權書由嘉靖九年爲差委人員索詐財物裁革萬歷府志

南津水經注孔靈符遏蜂山前湖以爲埭埭下開瀆直指南津萬歷府志

右橋渡關津

上虞縣志卷二十四　輿地志七

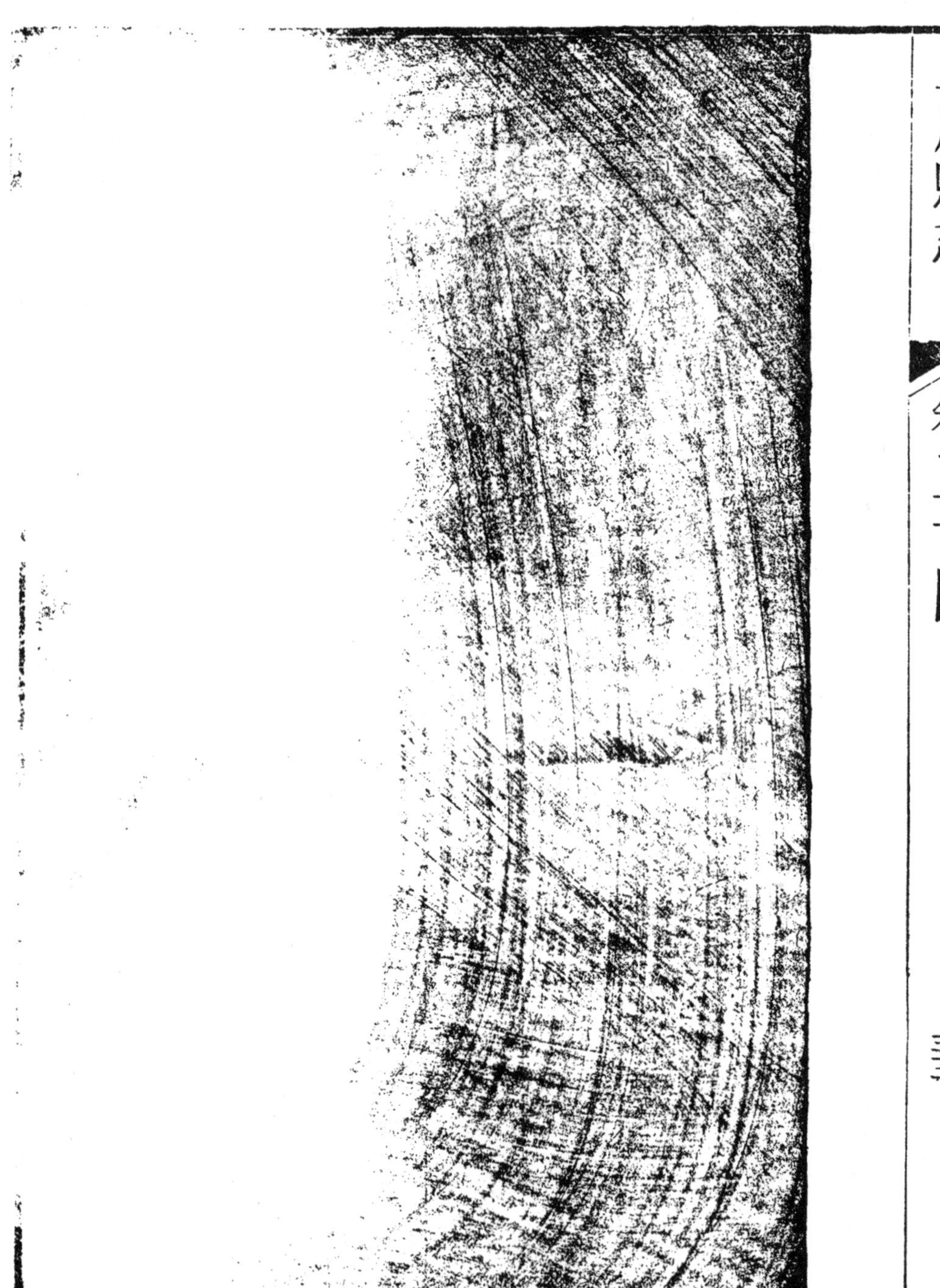